„Wir tanzen nicht nach Führers Pfeife" von Elisabeth Zöller

Bei der Erarbeitung einer Lektüre ist es wichtig, dass du das Lesen im Voraus gut planst. Zumeist ist die Lektüre ja die **Grundlage** für eine spätere **eigene Textproduktion**, also für das Bearbeiten von Schreibaufgaben. Dazu musst du den **Inhalt** des Buchs, die **Figuren** und den **Verlauf** der Handlung sehr genau kennen. Dies kannst du sicherstellen, indem du schon vor dem Lesen einige Punkte beachtest und auch währenddessen bzw. nach der Lektüre verschiedene Strategien anwendest.

Vor dem Lesen

Sich an den Text und das Thema annähern
z. B. Auseinandersetzung mit Zitaten aus dem Text:
- Wie wirken die einzelnen Sätze auf mich?
- Was kann ich anhand der Zitate schon über die Handlung in Erfahrung bringen?

Vorwissen schaffen
- z. B. durch das Erforschen historischer Hintergründe (Recherche) oder
- durch das Lesen eines Interviews mit dem Autor/der Autorin (Entstehungsgeschichte)

Vorlagen für Steckbriefe zu den Hauptfiguren anlegen
Du solltest dir schon vorher Gedanken machen, worauf du später beim Lesen ggf. achten musst.

Während des Lesens

Hilfreiche Randnotizen machen
Trage beim Lesen sinnvolle, also zielgerichtete Notizen in dein Buch ein (z. B. zu den Figuren oder zu bestimmten Themen). So findest du später die wichtigsten Textstellen leicht wieder.

Eine Legende anlegen
Überlege dir Symbole zu den Themen, die im Vordergrund stehen. Notiere am Rand die entsprechenden Symbole, wenn das Thema auftaucht.

Steckbriefe ergänzen
Ergänze die Steckbriefe zu den Hauptfiguren, wenn neue Informationen im Text auftauchen.

Nach einzelnen Abschnitten

Kapitelüberschriften finden
Da die einzelnen Abschnitte keine Überschriften haben, die Hinweise auf den Inhalt geben, ist es sinnvoll, selbst aussagekräftige Überschriften zu finden.

Kapitelabschließende Aufgaben bearbeiten
Um sicherzustellen, dass du die wesentlichen Aspekte jedes Textabschnitts erfasst hast, solltest du Aufgaben dazu bearbeiten. Damit kannst du die wichtigsten inhaltlichen Punkte wiederholen.

Möglichst früh erste Schreibaufgaben machen
Kürzere Schreibanlässe „zwischendurch" bereiten dich langsam auf die Aufgabenstellung in der Klassenarbeit oder der (Abschluss-) Prüfung vor, ohne dass du schon das ganze Buch kennen musst.

Nach Beenden der gesamten Lektüre

Textkenntnis überprüfen
- Überprüfe, ob du dich mit den Figuren auskennst.
- Überprüfe, ob du die Handlung verinnerlicht hast, z. B., ob du alle Zusammenhänge und die Reihenfolge der Handlungsschritte kennst.
- Stelle sicher, dass du auch die historischen Hintergründe kennst und einordnen kannst.

Textsorten und ihre Merkmale kennen
Überlege, welche Textsorten von dir verlangt werden könnten (innerer Monolog, Tagebucheintrag …), und wiederhole ihre Merkmale.

Schreibaufgaben gekonnt angehen
Analysiere zunächst die Aufgabenstellung (wer äußert sich in welcher Situation?) und finde heraus, welche Textsorte verlangt ist. Erstelle eine Stichwortliste und lege fest, in welcher Reihenfolge du die Themen in deinen Aufsatz einarbeitest. Vergiss nicht, deinen fertigen Text zu überprüfen und ggf. zu überarbeiten.

A Vor dem Lesen: Vorwissen aktivieren und aufbauen

Vermutungen zu Zitaten aus dem Buch

„[…] Was wir ausrichten können? Blöde Frage. Nichts. Absolut nichts können wir gegen die tun. Aber wir können sie beschäftigen, wir können ihnen ihre wertvolle Zeit stehlen, ihnen ihr beschissenes Leben zur Hölle machen. Sand ins Getriebe streuen. Dann hört der Mist einen Tag eher auf, und tausend Leute sterben weniger, das können wir. […]"

– S. 98 –

1 Lies das Zitat und notiere deine spontanen Gedanken dazu. Überlege, auf welche Situation sich der Text beziehen könnte.
Trage deine Gedanken (z. B. Fragen, Anmerkungen, Zusammenhänge, die man erkennen könnte, Assoziationen, die man haben könnte …) stichpunktartig in die Gedankenblasen ein.

2 Tausche dich mit einem Gesprächspartner über deine Gedanken und Ideen aus. Worauf könnte das Zitat hinweisen? Notiert eure Überlegungen.

3 Inwiefern könnte das Zitat einen Hinweis auf die Handlung bzw. das Thema des Buchs „Wir tanzen nicht nach Führers Pfeife“ geben? Beschreibe deine Vermutungen.

4 Auf den Seiten 3 und 4 findest du 30 **Zitate** aus der Erzählung „**Wir tanzen nicht nach Führers Pfeife**“. Die folgende Aufgabe ist als Gruppenarbeit konzipiert, du kannst sie aber auch alleine bearbeiten, indem du dir eines oder mehrere der Zitate vornimmst und jeweils Schritt 2 ausführst.

Mit der folgenden Vorgehensweise könnt ihr eure Wahrnehmung schärfen, einzelne Worte und Sätze intensiv auf euch wirken lassen und erste Eindrücke sowie Informationen sammeln. Nach der Annäherung an den Text werden die Zitate in Form eines „**Zitat-Teppichs**“ präsentiert.

(1) Teilt die Zitate unter euch auf, sodass **jeder** aus der Klasse **ein Zitat** bekommt (es können je nach Schülerzahl auch Zitate übrig bleiben).

(2) Lies das dir zugeteilte Zitat gründlich durch. **Überlege** z. B.:
- Welche Informationen zur Handlung erhältst du bereits durch diese wenigen Worte/Sätze?
- Werden z. B. Figuren oder Handlungsorte genannt? Welche Hinweise bekommt der Leser dazu?
- Wann spielt die Handlung? Woran ist das zu erkennen?
- Welche Assoziationen oder Vermutungen löst das Zitat in dir aus?
- Welche Fragen werden aufgeworfen?

→ Schreibe auf, welche Informationen zur Handlung allein aus deinem Zitat ablesbar sind.

(3) Bildet **Gruppen** zu 4 oder 5 Personen. Lest euch eure Zitate gegenseitig laut vor und berichtet den anderen, welche Informationen ihr entnehmen konntet. **Sammelt** alle gefundenen oder vermuteten **Informationen** schriftlich.

(4) Geht nun alle **schweigend** im Klassenzimmer umher. Bleibt auf ein mit eurer Lehrkraft vereinbartes Signal hin stehen und schließt die Augen. Euer Lehrer/eure Lehrerin tippt nun einen nach dem anderen an. Daraufhin liest derjenige sein **Zitat laut** vor.

(5) Besprecht, wie die Zitate in der **Gesamtheit** („Zitat-Teppich") auf euch gewirkt haben. Konnten Zitate der anderen Schüler deine ersten **Vermutungen bestätigen** oder **widerlegen**?

(6) Lest die Zitate nun **der Reihe nach** (von 1 bis 30) laut vor. Sprecht darüber, welche Informationen zur (vermutlichen) **Handlung des Buchs** man bereits durch diese wenigen Sätze bekommt.

Zitate aus „Wir tanzen nicht nach Führers Pfeife"

1 „Wir müssen diese Jugendlichen mit allergrößter Härte und Entschlossenheit bekämpfen." Oberkommissar Eugen Ziegen ließ sich nach diesen Worten vorsichtig auf einem Stuhl nieder. (S. 7)

2 „Die Gruppierung, um die es insbesondere geht", sagt Klawes, „ist kriminell und staatszersetzend. Im westlichen Ruhrgebiet und am Rhein hatten wir bis jetzt mehr als fünfhundert Verhaftungen. [...] Zwei Rädelsführer konnten dem Sondergericht zugeführt werden. Am Aufwand gemessen, ist das zu wenig." (S. 8)

3 „Unsere Maßnahmen bestanden bis jetzt aus Verhaftung, Verhör, kurzfristiger Internierung. Das sind lediglich [...] Warnschüsse. Wir kommen ihnen damit nicht bei." (S. 8)

4 „Diese Edelweißpiraten sind Romantiker, allesamt. Wanderungen in das Umland, Geländespiele. [...] Aufrührerische Lieder. Kleinkriminalität. Die Verachtung der HJ. Sie mögen das Militärische nicht. Allesamt Proletarier." (S. 9)

5 „Für mich hört sich das zu sehr nach Verständnis an. Wer weiß, was sich daraus entwickelt. Dieser Schlange müssen wir beizeiten den Kopf abschlagen." (S. 9)

6 „Sie erkennen sich untereinander am Abzeichen, dem Edelweiß." Klawes zupfte sich am Ohr. „Ausgerechnet das Edelweiß. Die Lieblingsblume des Führers. Wenn der das wüsste." (S. 9)

7 „Sie treffen sich spontan an den Bunkern und in den Grünanlagen. Sie kennen sich aus der Nachbarschaft, den Schulen, den Betrieben. Nur Indianer. Keine Häuptlinge. Sie sind zwischen vierzehn und achtzehn. Lange Haare ..." (S. 9)

8 „Wir müssen sie zerschlagen. Von den Bunkern vertreiben. Ihre Ausflüge unmöglich machen. Wir werden sie schnappen. Jeden Einzelnen. Verhören und zum Reden bringen." (S. 9 f.)

9 „Weg mit den Abzeichen – und verpasst ihnen ordentliche Haarschnitte! Die aussichtslosen Fälle gehen in die Wehrertüchtigungslager ohne Chance auf Rückkehr. Wir werden Druck ausüben. Auch auf die Familien. Die werden uns nicht mehr auf der Nase herumtanzen." (S. 10)

10 „Wir verstärken die HJ-Streifen mit jungen SS-Angehörigen. Tatkräftige Männer, die diesen Wandervögeln Manieren beibringen. Die Zusammenarbeit mit Polizei und Sicherheitsdienst wird verstärkt. Die Befehle liegen Ihnen morgen schriftlich vor." (S. 10)

11 „Für die Durchführung sind Sie mir persönlich verantwortlich, Herr Oberkommissar Ziegen. [...] Nehmen Sie diese Elemente an die Kandare. Und wenn es sein muss, machen Sie kurzen Prozess." (S. 10)

12 Eugen Ziegen begegnete dem Blick des Standartenführers überaus gelassen. Sollte der sich ruhig in Rage reden. Mit einem Haufen Jugendlicher, die aus der Reihe tanzten, würde er schon fertig. (S. 10)

13 Der Krieg war ihm auf den Fersen. Die Arier wollten Paul in den Osten verfrachten. Und das garantiert nicht zu seinem Vergnügen. Er hatte sich vorgenommen, vorsichtig zu sein, unauffällig zu bleiben und sich nicht erwischen zu lassen. Drei wichtige Voraussetzungen, um zu überleben. (S. 17)

14 Dunst lag wie eine Glocke über den ausgebrannten Ruinen der Kölner Altstadt. Trotzig reckte sich die Silhouette des Doms über die Trümmerlandschaft. (S. 17)

15 Paul hatte sich entschlossen, in dieser Stadt unterzutauchen. Er konnte eins und eins zusammenzählen. Auf dem Land würde er herumirren wie ein bunter Hund. Sie würden ihn erwischen. Früher oder später. Todsicher. (S. 18)

16 Rechts und links neben der Straße, ungefähr da, wo einmal der Gehweg gewesen sein musste, türmten sich Schuttberge. Mit jedem Atemzug schluckte man Staub. Am Neumarkt stand kein Stein mehr auf dem anderen. (S. 21)

17 Zwischen den Ruinen wühlten sich Arbeitstrupps in grauen Drillichanzügen durch den Schutt. Gut bewacht von Posten mit geschulterten Gewehren. „Wie kann man nur so leben", sagte Paul [...]. (S. 21)

18 „Ja, wo die Fahrtenmesser blitzen
und die Hitlerjungen flitzen
und die Edelweißpiraten hinterdrein.
Was kann das Leben uns denn geben,
wir wollen frei von Hitler sein." (S. 22)

19 Er erzählte von Müngersdorf, den zusammengepferchten Juden und von den Gerüchten, die im Sammellager herumschwirrten. Von den Güterzügen, die in den Osten fuhren. „Und dann bin ich abgehauen", sagte er. (S. 25)

20 „Mal sehen, ob wir was für dich tun können, Paul", sagte er. „Ich komme zurecht", sagte Paul. „Aber mal so unter uns: Was seid ihr überhaupt für ein Verein?" [...] Das Abzeichen war jetzt nicht mehr zu übersehen: Es zeigte ein Edelweiß. (S. 25)

21 „Wir sind eher so eine Art zwangloser Haufen, ohne Befehle und Rottenführer. Wir singen und wandern und lassen uns das nicht verbieten." (S. 26)

22 „Wir stellen seit einiger Zeit Züge zusammen. Auf den Auftragszetteln steht: Massenbeförderung in Sonderreisewagen. [...] In die Waggons gehen so dreißig oder fünfunddreißig Leute. [...] Wir bringen den Zug nach Müngersdorf und stellen ihn an die Rampe. [...] Im Morgengrauen ist er dann verschwunden. Manchmal sieht man winkende Hände aus den Waggons. Was denkst du, was das bedeutet?" (S. 28)

23 „Und wenn die Gestapo aus dem EL-DE-Haus uns den unterjubeln will? Als Spitzel, Schnüffler oder Provokateur?" „Provokateur? Meine Fresse, Bastian. Aus welchem Ärmel zauberst du denn so komplizierte Wörter? Nur weil du eifersüchtig bist?" „[...] Der könnte fast als Arier durchgehen." (S. 28 f.)

24 „Sieh ihn dir an. Der kommt von der anderen Rheinseite und traut sich in diese Stadt. Der kennt hier doch keinen. Ohne Papiere. Kein Dach über dem Kopf und garantiert nichts zu fressen. Der ist mit nichts als sich selbst unterwegs." (S. 29)

25 „Guck dir die Leute an. Die machen das jede Nacht?" „Reine Gewohnheit und überlebenswichtig. Die Angriffe auf Köln gehen in die Hunderte. Die Leute sind so müde. Jede Nacht im Bunker. Das hältst du nicht lange aus." „Scheißkrieg", sagte Paul. (S. 30)

26 „Früher konntest du einen Wasserhahn aufdrehen, und heute stolpern wir mit Eimern in den Händen über Trümmer und stehen uns an den Hydranten die Beine in den Bauch. Wir bestimmen unser Leben nicht mehr." (S. 31)

27 „Ich habe das Gefühl, mich mit allem beeilen zu müssen. Ich habe einfach zu wenig Zeit. Aber ich möchte noch ein paar verrückte Sachen machen, bevor die Nazis mich holen." (S. 31)

28 Ehrenfeld war Bastians Revier. Auch wenn die Straßen beinahe jeden Tag anders aussahen, weil die Bomben die Häuser wie Bauklötze purzeln ließen. Und das Feuer alles Übrige vernichtet hatte. Da, wo gestern ein Weg gewesen war, lagen heute verkohlte Leichen, Schutt und Steine. Räumkommandos und Suchtrupps waren dann unterwegs und versuchten zu retten, was nicht mehr zu retten war. (S. 33)

29 „Ja", antwortete Bastian, „das ist mein Vater. Die Nazis haben ihn verhaftet und weggesperrt. Er sitzt in einem Lager im Emsland. Sie stechen dort Torf. Das nennt man Schutzhaft. [...] Er ist in der Gewerkschaft. Ein Arbeiter." (S. 37)

30 „Ich habe mich entschieden. Für mich und mein Leben. Gegen das, was mein Vater getan hat. Und ich werde die Pistole benutzen, wenn einer daherkommt und versucht, es mir zu nehmen." (S. 51)

5 Welchen Zusammenhang zwischen den Zitaten aus Aufgabe 4 und dem Zitat auf Seite 2 kannst du jetzt herstellen? Welche deiner Vermutungen haben sich bewahrheitet, welche nicht?

Die Zeit des Nationalsozialismus

6 Wofür stehen die folgenden Abkürzungen? Notiere die Bedeutungen jeweils dahinter.

Gestapo ______________________ NS ______________________

NSDAP ______________________ KZ ______________________

7 Welche der folgenden Wörter aus dem Themenbereich Nationalsozialismus sind dir ein Begriff? Trage das jeweilige Wort als Überschrift bei der entsprechenden Erklärung ein.

Propaganda · Alliierte · Antisemitismus · „Euthanasie“ · „Führer“ · „Drittes Reich“ · Ghetto · SS · Holocaust · Hitlerjugend (HJ) · Faschismus · „Arier“ · Luftschutzbunker · Gestapo · Vernichtungslager · KZ · Kollaboration · „Endlösung der Judenfrage“ · SA · Deportation · NSDAP · Pogrom · Sonderkommando

a) ______________________
Lager, das dem systematischen Massenmord an Juden und Angehörigen anderer Minderheiten (z. B. Sinti und Roma) diente

b) ______________________
Im Zweiten Weltkrieg gegen Nazi-Deutschland verbündete Nationen (z. B. Großbritannien, Frankreich, Sowjetunion, USA)

c) ______________________
Lager, in dem Gefangene durch Zwangsarbeit ausgebeutet, politische Gegner unterdrückt und Millionen Menschen ermordet wurden

d) ______________________
Eine Form des Rassismus, die auf Hass und Vorurteilen gegenüber Juden gründet

e) ______________________
Bezeichnung für Adolf Hitler (1889–1945) im NS-Deutschland

f) ______________________
Jüdische Häftlinge der Vernichtungslager, die gezwungen wurden, bei der Ermordung und Plünderung der Deportierten zu helfen und die Leichen anschließend in den Krematorien zu verbrennen

g) ______________________
Systematische Verfolgung und Vernichtung der europäischen Juden in der Zeit des Nationalsozialismus

h) ______________________
Stadtviertel, in dem Juden unter unmenschlichen und beengten Verhältnissen leben mussten

i) ______________________
Nationalsozialistischer Begriff für den Massenmord an den europäischen Juden

j) ______ Nationalistische, antidemokratische und rechtsradikale politische Ideologie, bei der alle Macht bei einem Führer liegt; ursprünglich ist die italienische Bewegung unter Mussolini gemeint (1922–1943)	k) ______ Nationalsozialistische Deutsche Arbeiterpartei; unter Hitler mit dem Ziel einer starken militärischen Führung zur Durchsetzung nationalistischer, rassistischer und antisemitischer Pläne
l) ______ Die „Schutzstaffel" war zunächst die Leibwache Hitlers und wurde in der NS-Zeit zu einer mächtigen, selbstständig agierenden militärischen Organisation, die maßgeblich am Holocaust beteiligt war.	m) ______ Name für die Jugend- und Nachwuchsorganisation der Nationalsozialistischen Deutschen Arbeiterpartei (NSDAP). Sie sollte die Jugendlichen ideologisch schulen und langfristig auf den Kriegsdienst vorbereiten.
n) ______ Propagandabegriff der Nationalsozialisten zwischen 1919 und 1939 für das Deutsche Reich	o) ______ Zwangsweise staatliche Verschleppung von Menschen an einen anderen Ort
p) ______ Eine Anlage/ein Bauwerk zum Schutz vor Luftangriffen.	q) ______ Von den Nationalsozialisten verwendeter Begriff für die systematische Ermordung von Behinderten und Psychiatrie-Patienten durch das NS-Regime
r) ______ Maßnahmen zur systematischen Manipulation und Beeinflussung der öffentlichen Meinung zur Herrschaftssicherung	s) ______ Geheime Staatspolizei im „Dritten Reich" mit weitreichender Machtbefugnis bei der Bekämpfung politischer Gegner
t) ______ Ausschreitungen gegen nationale, religiöse oder ethnische Minderheiten oder Bevölkerungsgruppen; häufig mit Plünderungen, Misshandlungen und Morden verbunden	u) ______ Die sogenannte „Sturmabteilung" der NSDAP (auch „Braunhemden" genannt) unterstützte den Prozess der Machtergreifung Hitlers.
v) ______ Zusammenarbeit mit dem Feind zu Zeiten eines Krieges oder einer Besatzung	w) ______ Bezeichnung für Angehörige einer – nach NS-Ideologie – überlegenen weißen „Herrenrasse"

8 Warum stehen einige der Begriffe aus Aufgabe 7 in Anführungszeichen (z. B. „Arier")?

______

______

______

Bombenangriffe auf Köln – eine Stadt in Trümmern

Rede Adolf Hitlers zum „Ermächtigungsgesetz“ 1933

Ab dem Jahr 1933 hatten auch in Köln die Nationalsozialisten das Sagen. Terror der Gestapo, Verfolgung, Vertreibung und Ermordung politischer Gegner und der allermeisten Juden waren die schreckliche Folge.

Mit Beginn des Zweiten Weltkriegs 1939 wurden Juden, Sinti und Roma aus Köln in Vernichtungslager deportiert. Hatten vor 1933 noch zwanzigtausend Juden in Köln gelebt, waren es 1945 nur noch fünfzig.

Keine andere deutsche Stadt wurde im Zweiten Weltkrieg so oft von alliierten Luftgeschwadern bombardiert wie Köln, insgesamt 262 Mal.

Beladen mit fast 1 500 Tonnen Bomben waren über 1 000 Flugzeuge im Einsatz und mehr als 5 000 Piloten, Bombenschützen, Funker und Navigatoren beteiligt. Die englische Luftwaffe wollte Macht und Stärke demonstrieren und der deutschen Armeeführung zeigen, wozu sie fähig ist.

Als „Zeitenwende“ gilt die sogenannte „1000-Bomber-Nacht“ in Köln zum 31. Mai 1942 – es war die Nacht des ersten flächendeckenden Großangriffs auf eine deutsche Stadt. 12 840 Häuser wurden massiv zerstört, 45 132 Menschen verloren ihr Dach über dem Kopf und 469 Menschen starben.

Das schwerste Bombardement überhaupt war der sogenannte „Peter-und-Paul-Angriff" am 29. Juni 1943 mit etwa 4400 Toten.

Bei Kriegsende waren etwa 95 % der Kölner Altstadt zerstört. Da die Silhouette des Kölner Doms von überallher gut sichtbar war und den Bomberpiloten half, sich zu orientieren, sollte er bewusst nicht zerstört werden. Dieses Vorhaben gelang nicht, denn er wurde von 14 Bomben getroffen.

Neun der 22 Gewölbejoche stürzten bei diesen Angriffen ein, das Westfenster sowie die Orgel gingen zu Bruch. Der stark beschädigte Nordturm hatte ein zehn Meter hohes Loch und drohte einzustürzen.

Obwohl die Deutschen beim Rückzug im März 1945 den Hauptbahnhof und die Hohenzollernbrücke sprengten und die dabei entstandenen Erschütterungen weitere Steinmassen lösten, blieb der Dom stehen.

9 Lies den Text über die Zerstörung Kölns gründlich durch und beziehe auch die Fotos mit ein. Finde für die drei Abschnitte jeweils eine passende Zwischenüberschrift und schreibe diese in die grauen Kästen.

10 Lies dir die Zeitleiste gut durch und vergleiche sie mit dem Inhalt des Textes. Markiere diejenigen Passagen, die sich auf Köln beziehen.

1942

ab März 1942
Beginn von Flächenbombardements britischer Flieger auf das Ruhrgebiet

30./31. 5. 1942
erster 1000-Bomber-Angriff auf Köln

1943

26. 3. 1943
Verwaltungserlass: alle Juden müssen sich in Sammellagern einfinden (zur Zwangsarbeit oder Deportation)

11./12. 6. 1943
schwerer Luftangriff auf Düsseldorf

24./25. 6. 1943
schwerer Luftangriff auf Wuppertal

28./29. 6. 1943
„Peter-und-Paul-Angriff" auf Köln; Altstadt und Dom werden schwer beschädigt

8./9. 7. 1943
schwerer Luftangriff auf Köln

8. 11. 1943
Rundfunkrede Hitlers: Kapitulation wird kategorisch ausgeschlossen, rigoroses Vorgehen gegen Defätisten[1] und Kriegsgegner beschlossen

14. 12. 1943
Tagung der Reichspropagandaämter: Joseph Goebbels, Reichsminister für Volksaufklärung und Propaganda, betont, dass der Bombenkrieg die Widerstandskraft der deutschen Bevölkerung stärke

1944

20. 2. 1944
Beginn der großen alliierten Luftoffensive gegen deutsche Industriebetriebe

4. 3. 1944
erster Tagesangriff auf Köln (Sprengbomben); in der Folgezeit viele schwere Luftangriffe mit Spreng- und Brandbomben, Tag und Nacht

6. 6. 1944
Beginn der Invasion der Alliierten[2] in Westeuropa

20. 7. 1944
Führerhauptquartier: Attentat auf Hitler scheitert und damit die Umsturz-Pläne

30. 7. 1944
„Terror- und Sabotageerlass" tritt in Kraft: Widerstandskämpfer sind zu inhaftieren und können ohne Gerichtsverfahren erschossen werden

1. 9. 1944
In Köln endet die Schule; alle Schüler und Lehrer werden am „Westwall" eingesetzt, wo sie mit HJ und BDM[3] u. a. Panzer- und Schützengräben anlegen.

11. 9. 1944
Beginn des Vormarsches alliierter Truppen

25.9.1944
Einberufung aller Männer zwischen 16 und 60 Jahren zum „Volkssturm“

21.10.1944
Aachen kapituliert. Amerikanische Truppen rücken ins Rheinland vor.

10.11.1944
Hinrichtung von 13 Widerständlern, auch Edelweißpiraten[4], in Köln-Ehrenfeld

25.12.1944
Hitler befiehlt die aggressive Fortsetzung der Verteidigung der Westfront.

1945

30.1.1945
Hitler ruft in einer Rundfunkansprache zum Kampf gegen die vorrückenden alliierten Truppen auf. „Wunderwaffen“ sollen den „Endsieg“ bringen.

23.2.1945
Beginn der alliierten Westfront-Offensive; die deutsche Wehrmacht wird bis zum Rhein zurückgedrängt.

2.3.1945
letzter Bombenangriff auf Köln (858 Bomber in zwei Phasen)

6.3.1945
Amerikanische Truppen marschieren in Köln ein.

3.4.1945
Heinrich Himmler, Reichsführer SS, befiehlt die Erschießung aller männlicher Bewohner in Häusern, an denen weiße Fahnen[5] hängen.

30.4.1945
Hitler begeht Selbstmord. In Berlin kapituliert die Wehrmacht zwei Tage danach.

8./9.5.1945
Die bedingungslose Kapitulation aller deutschen Streitkräfte tritt in Kraft.

Anmerkungen

1 Defätisten: Menschen, die eine Sache für aussichtslos halten; hier: Menschen, die Zweifel am militärischen Sieg der Nationalsozialisten hatten
2 Alliierte: Staaten, die sich im Zweiten Weltkrieg gegen Deutschland verbündet hatten; die wichtigsten Verbündeten waren die USA, Großbritannien, die Sowjetunion und Frankreich
3 HJ: Abkürzung für: Hitlerjugend; Jugendorganisation der Nationalsozialistischen Deutschen Arbeiterpartei (NSDAP), BDM: Abkürzung für: Bund Deutscher Mädel; weiblicher Zweig der Hitlerjugend
4 Edelweißpiraten: siehe S. 11 ff.
5 weiße Fahnen: Zeichen für Kapitulation (= sich dem Feind ergeben, sich für besiegt erklären)

Tipp

Filme/Hörbeitrag

- Auf YouTube findest du unter den Stichworten „Köln Zweiter Weltkrieg“ gleich mehrere Beiträge zur Situation in Köln während des bzw. nach dem Zweiten Weltkrieg.
- Unter www.ard.de/home/wissen/Nationalsozialismus_Der_Widerstand/1589248/index.html kannst du einen Hörbeitrag über die Edelweißpiraten in Köln abrufen:

  Widerstand der Jugend
  Edelweißpiraten: Gegen den Drill
  Besonders im Rheinland und im Ruhrgebiet formierten sich Anfang der 1940er-Jahre Tausende Jugendliche in kleineren Gruppen, die den Zwangscharakter und den Drill der Hitlerjugend ablehnten. Vielen „Edelweißpiraten“ ging es zunächst weniger um Politik, als darum, sich Freiräume zu verschaffen.
- Auf der Internetseite des Deutschen Historischen Museums/Lebendiges Museum Online (www.dhm.de/lemo/) findest du außerdem historische Fakten und Wissenswertes.

Edelweißpiraten

Kölner Edelweißpiraten am 23. Mai 1943 „auf Fahrt" bei Donrath an der Agger

„Die" Edelweißpiraten gab es nicht. Die Nationalsozialisten bezeichneten unangepasste Jugendliche, die nicht in der Hitlerjugend (HJ) aktiv waren und sich in Parks, Stadtvierteln und später an den Bunkern, besonders im Rhein-Ruhr-Gebiet, trafen, als Edelweißpiraten. Ihre Treffen waren für die Jugendlichen, die oft aus dem einfachen Arbeitermilieu stammten, eine Alternative zum Dienst in der Hitlerjugend, den sie immer wieder verweigerten.

Anfangs verbrachten die Edelweißpiraten vor allem ihre Freizeit gemeinsam, veranstalteten Wochenendfahrten ins Umland, zelteten an Seen und sangen freiheitliche Lieder, die eigentlich verboten waren. Basis ihres Aufbegehrens waren ihr gesunder Menschenverstand, ihr Gefühl und Gewissen für Gut und Böse, Recht und Unrecht. Sie wollten ihre Freiheit, sich nicht herumkommandieren lassen, wandten sich gegen alle Autoritäten und bekamen dadurch automatisch Probleme mit den Nationalsozialisten. Mit der Zeit entwickelte sich immer mehr eine politische Gesinnung.

Die Edelweißpiraten waren in vielen kleinen Gruppen lokal organisiert, hatten aber kein gemeinsames Programm oder gemeinsame Strukturen (keine Anführer, keine überregional organisierten Treffen und Aktionen mit gemeinsamen Zielen, keine Mitgliedsausweise etc.). Letztendlich erlaubte genau dieses Nichtorganisierte den Nazis, die Edelweißpiraten immer wieder mit ihren Repressalien[1] empfindlich zu treffen.

Insgesamt schätzt man, dass mehrere Tausend 14- bis 18-Jährige deutschlandweit zu den Edelweißpiraten zählten. Sie erkannten sich am eingestickten Edelweiß unter dem linken Rockaufschlag[2] oder der Edelweiß-Anstecknadel. Oft kannten sie nur den Spitznamen der anderen Mitglieder und schützten sich so davor, andere bei Verhören oder unter Folter zu verraten.

Die Edelweißpiraten aus Köln-Ehrenfeld

Eine der stärksten und sehr aktiven Gruppen waren die Edelweißpiraten aus Köln-Ehrenfeld. Ihnen gehörten mehr als 120 Jugendliche an, von denen ein Teil 1943 in den Untergrund ging. Ihr Widerstand entwickelte sich vom reinen Verweigern, beispielsweise der Mitgliedschaft in der HJ, über Schlägereien mit HJ-Gruppen hin zu aktivem, politischem Widerstand: Zum Beispiel verteilten sie Flugblätter, schrieben Parolen an Wände, verbreiteten Informationen der BBC[3], versteckten Deserteure[4] und Zwangsarbeiter[5], stahlen aber auch Lebensmittel, sammelten Waffen und verübten Anschläge auf Gestapo und NS-Funktionäre. Ihr Wirken und Tun basierte auf einem abgrundtiefen Hass gegen die Nationalsozialisten aufgrund eigener Erfahrungen mit ihnen, die sie die Unmenschlichkeit des Systems hatten spüren lassen.

In den „Richtlinien zur Bekämpfung jugendlicher Cliquen" vom 25. 10. 1944 erklärte der NS-Jurist Erik Kaltenbrunner diese Jugendlichen zu Staatsfeinden und Hochverrätern, da festgelegt wurde, dass für jugendliche Gruppen mit „vorwiegend staatsfeindlichen Bestrebungen" die Geheime Staatspolizei zuständig sei. Mit der Verschlechterung des Kriegsverlaufs und der Zunahme des Widerstands gegen das NS-System verstärkten sich auch die Repressalien gegenüber den Kölner Widerständlern. Schon vorher mussten die Häftlinge im EL-DE-Haus, der Zentrale der

Gestapo in Köln, in den Kellerräumen ihre eigenen Folterkammern erbauen. Ab 1944 kamen sie für „Vergehen“ nicht mehr für drei Monate in Heime oder Lager zur Fürsorgeerziehung, sondern in Jugend-KZ. Auch vor Mord und Hinrichtung schreckte die Gestapo nicht zurück, wie der 10. November 1944 in Köln zeigte.

Nach 1945 begann ein langer Weg der Anerkennung der Edelweißpiraten als Widerstandskämpfer, denn zu Befragungen wurden nicht die Edelweißpiraten, sondern die Aussagen ehemaliger Gestapobeamten aus dem EL-DE-Haus herangezogen. Viele der ehemaligen Edelweißpiraten zogen sich zurück und verschwiegen in den Jahren des wirtschaftlichen Aufschwungs nach dem Krieg ihre frühere Mitgliedschaft aus Angst vor neuen Repressalien. Die Propaganda der Nazis, die von „kriminellen Banden“ gesprochen hatte, wirkte noch Jahrzehnte lang weiter. Erst am 16. Juni 2005 erkannte der Kölner Regierungspräsident die Ehrenfelder Edelweißpiraten offiziell als Widerstandskämpfer an.

Zu den bekanntesten Ehrenfelder Edelweißpiraten gehörten Fritz Theilen, Hans Steinbrink (Bombenhans), Bartholomäus Schink, Jean Jülich und andere.

eigener Text, nach: Fritz Theilen: Edelweißpiraten. Hrsg. von Matthias von Hellfeld. Frankfurt a.M.: Fischer Taschenbuchverlag GmbH 1984; Dirk Reinhardt: Edelweißpiraten. Berlin: Aufbau Verlag GmbH & Co. KG 2015; www.klapperfeld.de/ausstellung/zeitzeuge-wolfgang-breckheimer/edelweißpiraten.html (aufgerufen am 29. 12. 2015)

Anmerkungen

1 Repressalien: Zwangsmaßnahmen, Unterdrückung
2 Rockaufschlag: Revers; umgeschlagener Teil an einem Kleidungsstück, hier an der Jacke
3 BBC: britischer Rundfunksender
4 Deserteur: fahnenflüchtiger Soldat
5 Zwangsarbeiter: Kriegsgefangene, KZ-Häftlinge oder Personen der besetzten Gebiete, die zur Arbeit gezwungen wurden und die Arbeiter, die im Krieg waren, ersetzen sollten; meist in der Landwirtschaft und zur Aufrechterhaltung der Kriegsproduktion (Rüstungsindustrie) eingesetzt

11 Wer waren die Edelweißpiraten?

12 Warum verweigerten die Jugendlichen den Dienst in der Hitlerjugend?

13 Welche Aktionen verdeutlichten ihre Abneigung gegen den Nationalsozialismus und die HJ?

14 Welche historischen Fakten werden im Text genannt?

info

Als **Widerstand** bezeichnet man jede Handlung, die absichtlich durchgeführt wurde oder wird, um gegen ein Unrechtsregime/eine Unrechtsregierung vorzugehen mit dem Ziel, diese/s zu zerstören und zu beseitigen. Das Recht dazu ist dann gegeben, wenn ein Staat oder eine Regierung die Menschenrechte missachtet. Man unterscheidet zwischen **aktivem und passivem Widerstand** sowie zwischen **Widerstand mit Gewalt und gewaltfreiem Widerstand**.

Zu Zeiten des Nationalsozialismus war es lebensgefährlich, sich in der Öffentlichkeit gegen Hitler und sein Gefolge zu äußern oder gar sich den Anordnungen der Nationalsozialisten zu widersetzen. Viele hatten nicht den Mut dazu. Trotzdem gab es immer wieder Widerständler, die z. B. den Hitlergruß verweigerten, den Dienst in der Hitlerjugend absichtlich versäumten oder verbotene Lieder sangen. Aktiver Widerstand zeigte sich in Sabotageakten, in der Verteilung von Flugblättern oder auch in Attentaten, wie das vom **20. Juli 1944**, als Oberst Claus Graf von Stauffenberg Hitler durch eine Bombe töten wollte.

Weitere Informationen dazu findest du unter: www.planet-schule.de/wissenspool/spuren-der-ns-zeit/inhalt/hintergrund/stauffenberg.html

15 Welcher Meinung bist du, sind die Edelweißpiraten Widerstandskämpfer? Begründe deine Antwort ausführlich.

Informiere dich …

… über die Widerstandsgruppe **Weiße Rose**, der u. a. die Münchner Studenten Hans und Sophie Scholl, Alexander Schmorell, Christoph Probst, Willi Graf und der Universitätsprofessor Kurt Huber angehörten.

Gib dein Wissen an deine Klasse weiter, z. B. in einem kurzen Referat.

16 Betrachte die Fotos, Aussagen und Dokumente auf den folgenden Seiten und verschaffe dir einen ersten Eindruck vom Lebensgefühl, das die jugendlichen Mitglieder der Edelweißpiraten verkörpern. Was lässt sich feststellen? Besprich deine Eindrücke mit einem Arbeitspartner.

Edelweiß-Kampfruf

Kurze Haare, große Ohren
So war die HJ geboren!
Lange Haare, Tangoschritt
Da kommt die HJ nicht mit!
Und man hört's an jeder Eck'
Die HJ muss wieder weg!

Führerbefehl.

An die Berliner Bevölkerung!

Merkt Euch, jeder, der die Maßnahmen, die unsere Widerstandskraft schwächen, propagiert oder gar billigt, ist ein Verräter! Er ist augenblicklich zu erschießen oder zu erhängen! Das gilt auch dann, wenn angeblich solche Maßnahmen im Auftrag des Gauleiters Reichsminister Dr. Göbbels oder gar im Namen des Führers befohlen werden sollten.

22. April 1945 gez. Adolf Hitler

Freundschaft

Freiheit

Selbstbestimmung

Sag NEIN!

Du, Mann an der Maschine und Mann in der Werkstatt. Wenn sie dir morgen befehlen, du sollst keine Wasserrohre und keine Kochtöpfe mehr machen – sondern Stahlhelme und Maschinengewehre, dann gibt es nur eins: Sag NEIN!

Du, Mädchen hinterm Ladentisch und Mädchen im Büro, wenn sie dir morgen befehlen, du sollst Granaten füllen und Zielfernrohre für Scharfschützengewehre montieren, dann gibt es nur eins: Sag NEIN!

Kein politischer Hintergrund

Ganz einsam und verlassen,
an einer Felsenwand,
wohl unter blauem Himmel,
der Felsensee genannt.
Dort treffen sich Piraten
vom Stamme Edelweiß
mit ihren blonden Mädels
von Köln am Rhein allein.

Und wenn sie uns mal schnappen,
dann geht es nach Neuwied,
und dort in stiller Einsamkeit,
da singen wir ein Lied.
Wir sind Piraten
vom Trampen und von Fahrten,
und das kleine Edelweiß
soll unser Zeichen sein.

persönliche Motive

Bewusste Antihaltung gegen den Staat

Wir stehn auf deutscher Erde,
drum wollen frei wir sein.
Dass uns die Freiheit werde,
das sollet gewiss ihr sein.
Schon geht ein brausend Singen! Hurra Viktoria!
Wir lassen uns nicht zwingen. Hurra Viktoria!

kein politisches Konzept

Quellen: „Sag nein!", aus: Wolfgang Borchert: Das Gesamtwerk, S. 527 ff. Reinbek bei Hamburg: Rowohlt 2013; Edelweiß-Kampfruf u. „Ganz einsam …", in: Martin Rüther (Hrsg.): Jugend! Deutschland 1918–1945, www.jugend1918-1945.de/thema.aspx?s =4935&m=3455&v=4935 (NS-Dokumentationszentrum der Stadt Köln); „Wir stehn auf deutscher Erde …", in: Martin Rüther (Hrsg.): „Wo keine Gitarre klingt, da ist die Luft nicht rein!", Anmerkungen zum Singen in der NS-Zeit. www.museenkoeln.de/ausstellungen/nsd_ 0411_schanghai_neu/projekt.htm (NS-Dokumentationszentrum der Stadt Köln)

Fotos (NS-Dokumentationszentrum Köln): Essener Fahrtenstenze mit deutlich sichtbarem Edelweiß, um 1939/40 (S. 14 oben); Kölner und Leverkusener Jugendliche auf einer Rheinkribbe, um 1939/40 (Mitte); Edelweißpiraten im Beethovenpark, Köln 1943/44 (unten); Kölner „Edelweißpiraten" um 1943 (S. 15 oben); Mädchen und Jungen aus unangepassten Gruppen des Rhein-Ruhr-Gebiets auf gemeinsamer Fahrt (unten)

Rezension zu „Wir tanzen nicht nach Führers Pfeife“

Frankfurter Allgemeine

ZEITUNG FÜR DEUTSCHLAND

Je näher das Kriegsende rückt, desto größer wird der Terror

Ein großer Stoff ist nicht alles: Während Elisabeth Zöller einen überzeugenden Jugendroman über die Widerstandsgruppe „Edelweißpiraten“ geschrieben hat, fehlt es bei Dirk Reinhardt an erzählerischer Qualität.

Einen „Tatsachen-Thriller“ nennt Elisabeth Zöller ihr neues Buch im Untertitel. Wahrhaftig: Ihre Geschichte der Kölner Edelweißpiraten ist spannend, von der ersten bis zur letzten Zeile, und die Tatsachen, auf denen sie gründet, betreffen eines der wichtigsten und gleichzeitig ein immer noch zu wenig bekanntes Zeugnis des Widerstands Jugendlicher gegen den NS-Terror in den schrecklichen letzten Kriegsjahren.

Noch leben einige von ihnen, die sich 1933 weigerten, in die Hitlerjugend einzutreten und sich dem Zwang dort zu unterwerfen; sie schlossen sich zu eigenen, nur lose verbundenen, subversiven Gruppen zusammen und nannten sich Edelweißpiraten oder Navajos. Insgesamt waren es im Rhein-Ruhr-Gebiet ein paar tausend Jungen und Mädchen von zwölf bis achtzehn Jahren. Aus anfangs eher harmlosen Raufereien mit der verhassten HJ entstand aktiver Widerstand: Sabotage, Flugblätter mit Antikriegsparolen, Abhören feindlicher Sender, Diebstahl von Lebensmittelmarken. Die Edelweißpiraten versteckten Deserteure und Juden und versorgten sie – wenn möglich auch Ostarbeiter – mit Nahrungsmitteln. Bald wurden sie von der Geheimen Staatspolizei, der SS, Feldjägern und HJ-Streifen mit aller Härte verfolgt. Ihnen drohte Misshandlung, Folter und sogar der Tod.

Authentische Aufzeichnungen und einige historische Studien sind das Material, auf das sich die Autorin Elisabeth Zöller stützen konnte. So hat sie aus der Autobiografie des im vergangenen April verstorbenen Edelweißpiraten Fritz Theilen mit seinem Einverständnis Bastian, eine der Hauptfiguren ihres Romans, verdichtet. Nicht zuletzt, weil fast alles mit realen Ereignissen übereinstimmt, überzeugt und fasziniert dieses Jugendbuch und könnte generationsübergreifend für Diskussionen sorgen. Auch im Unterricht wäre das Buch eine ideale Lektüre.

Die Freunde müssen mit dem Schlimmsten rechnen

Jener Bastian fühlt sich, seit sein Vater im Emsland in „Schutzhaft“ ist, für seine Familie verantwortlich. Als Sohn eines Belasteten muss er besonders vorsichtig sein, wenn er sich mit den Freunden hinter dem Luftschutzbunker, auf dem Friedhof oder im Schrebergarten des Großvaters trifft. Nicht nur nachts ist Fliegeralarm, Bomben zerstören ganze Stadtviertel. Als Hilfsfeuerwehrmann kämpft Bastian bis zur Erschöpfung gegen die Flammen, rettet Verschüttete aus Trümmern und tröstet seine Mutter und die kleine Schwester. Elisabeth Zöller beschreibt, wie Menschen damals in Köln hungerten, starben oder in Ruinen überlebten. Wer untertauchen musste wie der jüdische Junge Paul, die zweite Hauptfigur dieses Thrillers, war verloren, wenn er nicht Freunde fand, die ihn versteckten, ihm Unterkunft, Arbeit und falsche Papiere besorgten. Nach anfänglichem Misstrauen nehmen die Piraten Paul auf, vor allem Franzi, das einzige Mädchen, setzt sich für ihn ein.

Flugblätter verteilen, Lebensmittelkarten und Nahrungsmittel stehlen, ein illegal geschlachtetes Schwein in einem Sarg transportieren oder Kisten mit Ersatzteilen für Wehrmachtsfahrzeuge beim Verladen in den Kanal stürzen – das alles sind noch Abenteuer, allerdings höchst gefährliche. Als aber beim Versuch, einen Güterwagen zu überfallen, einer der Edelweißpiraten erschossen wird, als zwei andere im Gestapo-Gefängnis zusammengeschlagen werden, um sie geständig und bereit zum Verrat weiterer Namen zu machen, wird es ernst. Die noch verschont gebliebenen Freunde müssen mit dem Schlimmsten rechnen. Längst werden auch ihre Verstecke in den Kellern zerstörter Gebäude kontrolliert. Je näher das Kriegsende rückt, desto größer wird der Terror.

Sie folgten todesmutig ihrem Gewissen

Es ist verbürgt, dass im November 1944 zur Abschreckung dreizehn Widerständler, darunter sechs Jugendliche, ohne Gerichtsverfahren in Köln gehenkt worden sind. Elisabeth Zöller macht daraus eine hochdramatische Szene: Paul, der seine Freunde retten will, erschießt den gefürchteten Gestapokommissar, der die Hinrichtung leitet. Im darauf ausbrechenden Chaos gelingt es zumindest Bastian zu fliehen und weitere gefährliche Stationen zu überwinden, bis er endlich bei Kriegsende seine evakuierte Familie im Allgäu wiederfindet. Pauls Schicksal bleibt ungewiss.

Erst spät, in den achtziger Jahren, wurden die Edelweißpiraten als Widerstandskämpfer anerkannt. Unruhestifter und Kriminelle seien sie gewesen, keine Oppositionellen, behaupteten Behördenvertreter. Noch 1962 lehnten sie den Antrag der Mutter des sechzehnjährigen Bartholomäus Schink auf Rehabilitierung ihres Sohnes als politisch Verfolgter mit der Begründung ab, es habe sich bei den Jugendlichen – die meisten waren Arbeiterkinder – um eine „Verbrecherbande" gehandelt. Eine Bürgerinitiative erreichte endlich vor wenigen Jahren, dass eine Gedenktafel in der Nähe der Bahngleise von Köln-Ehrenfeld angebracht wurde, wo im November 1944 die Galgen errichtet worden waren. Zur Abschreckung hatte man die Hingerichteten, darunter auch Bartholomäus Schink, tagelang dort hängen lassen. [...]

Quelle: Maria Frisé: Je näher das Kriegsende rückt, desto größer wird der Terror. In: www.faz.net/aktuell/feuilleton/buecher/rezensionen/kinderbuch/edelweisspiraten-im-jugendroman-je-naeher-das-kriegsende-rueckt-desto-groesser-wird-der-terror-12008410.html (aufgerufen am 18. 5. 2016) (gekürzt)

Die Autorin

Elisabeth Zöller, geboren am 6. Dezember 1945 in Brilon im Sauerland, wollte schon als Kind Schriftstellerin werden. Sie studierte Deutsch, Französisch, Kunstgeschichte und Pädagogik und arbeitete zunächst als Lehrerin.

Seit 1989 schreibt sie Kinder- und Jugendromane für Vier- bis 16-Jährige und lebt in Hannover. Viele ihrer Bücher wurden in bis zu 20 Sprachen übersetzt.

Mehr erfährst du unter: www.elisabeth-zoeller.de

17 Lies die Rezension gründlich durch und markiere dir erste wichtige Informationen:

- Wer sind die Hauptfiguren des Romans?
- Welche persönlichen Ereignisse prägen das Leben der beiden Hauptfiguren?
- Wo spielt der Roman?
- Was erfährst du über die Edelweißpiraten?

18 Der Roman wird auch als Tatsachen-Thriller bezeichnet. Welche historischen Tatsachen bilden die Grundlage dafür? Schreibe dir diese heraus.

19 Die Anerkennung der Edelweißpiraten als Widerstandskämpfer nach Ende des Krieges war sehr schwierig. Welche Gründe werden genannt?

20 Gleiche deine Ergebnisse mit einem Partner ab.

Diskutiert darüber, ob ihr die erwähnten Aktionen der Edelweißpiraten als Widerstand einstufen würdet oder nicht. Was erwartet ihr von einem Thriller?

B Während des Lesens: Charaktere erarbeiten, Themen erfassen

Bereits beim ersten Lesen des Romans solltest du dir **Notizen** zum Inhalt und zu den einzelnen Figuren machen. Die spätere Arbeit mit der Lektüre fällt dir dadurch ganz bestimmt leichter, außerdem hast du damit schon einen Teil deiner (Prüfungs-)Vorbereitungen geleistet.

Bearbeite die folgenden Aufgaben möglichst beim Lesen des Romans, also Stück für Stück.

1 Lege zu den Figuren des Romans **Steckbriefe/Figurenplakate** bzw. Informationsspeicher an. Du kannst die Informationen z. B. folgendermaßen gliedern:

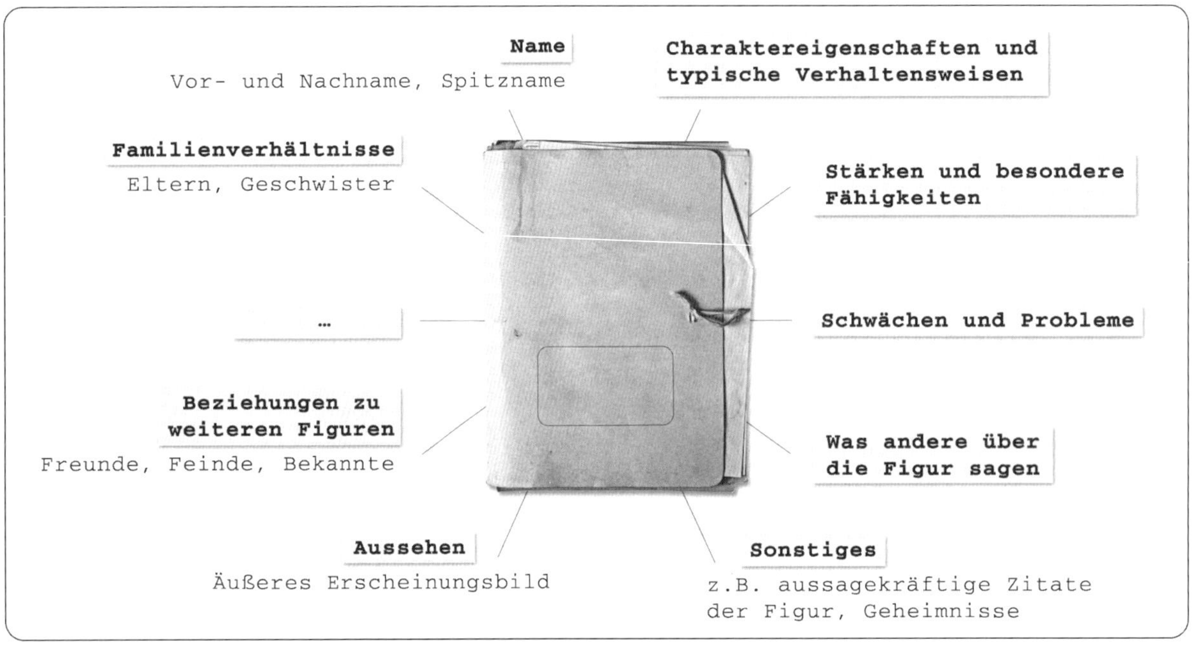

Hinweis: Drei Vorlagen für Steckbriefe findest du auf den folgenden Seiten. Ergänze darin die Informationen zu Paul, Bastian und Franzi. Zu weiteren Personen kannst du entsprechende Steckbriefe anfertigen.

2 Lege in deinem Buch eine **Zeichenlegende** an. Bestimme **Abkürzungen** oder **Symbole** für wiederkehrende Themen in der Lektüre, beispielsweise für:

- Hinweise auf Pauls jüdische Abstammung
- passiver Widerstand der Bevölkerung
- Freundschaft/Freundschaftsdienste
- Auswirkungen des Kriegs auf die Zivilbevölkerung/Alltag im Krieg
- aktiver Widerstand von Einzelnen bzw. Zivilcourage
- „aktive" Nazis in der Bevölkerung
- Aktivitäten der Jugendlichen, die sich als Edelweißpiraten formierten
- politische Ziele/Handlungen der Nazis

Nutze die **Inhaltsübersicht** über die Handlung des Romans auf Seite 63 dieses Arbeitsheftes, um dich während der Bearbeitungsphase möglichst gut und schnell im Buch orientieren zu können. Schneide die Übersichtstabellen aus und befestige sie z. B. mit Büroklammern in deinem Buch. Du kannst sie so als Inhaltsverzeichnis verwenden. Vor der Prüfung musst du die Zettel allerdings wieder entfernen, denn es sind keine eingeklebten Zettel erlaubt!

STECKBRIEF

Vorname: Sebastian

Nachname: Frei

Spitzname: ______

Beruf: ______

Alter: ______

Adresse/Wohnsituation: ______

Religionszugehörigkeit: ______

Aussehen: ______

Familien- bzw. Lebenssituation: ______

Freundschaften: ______

Charaktereigenschaften und typische Verhaltensweisen: ______

Was andere über ihn sagen: ______

Stärken und Talente: ______

Schwächen und Probleme: ______

Aktionen im Widerstand: ______

Strafmaßnahmen gegen ihn: ______

STECKBRIEF

Vorname: Paul

Nachname: Stern

Angenommene Identität nach der Flucht:

Beruf:

Alter:

Adresse/Wohnsituation:

Religionszugehörigkeit:

Aussehen:

Familien- bzw. Lebenssituation:

Freundschaften:

Charaktereigenschaften und typische Verhaltensweisen:

Was andere über ihn sagen:

Stärken und Talente:

Schwächen und Probleme:

Aktionen im Widerstand:

STECKBRIEF

Vorname: Franziska

Nachname: Hummel

Spitzname: ____________________

Alter: ____________________

Adresse/Wohnsituation: ____________________

____

Religionszugehörigkeit: ____________________

Aussehen: ____________________

____

Familien- bzw. Lebenssituation: ____________________

____

____

Freundschaften: ____________________

____

Charaktereigenschaften und typische Verhaltensweisen: ____________________

____

____

____

Was andere über sie sagen: ____________________

____

____

____

Stärken und Talente: ____________________

____

____

Schwächen und Probleme: ____________________

____

Aktionen im Widerstand: ____________________

____

C Nach dem Lesen einzelner Abschnitte: Inhalte wiederholen

Aufgaben zu Teil eins: Der brennende Himmel

Im Folgenden findest du Aufgaben, die sich auf die einzelnen Abschnitte des Buchs beziehen. Immer wenn du eine solche Leseetappe zu Ende gelesen hast, bearbeitest du die zugehörigen Aufgaben.

S. 7–10 Gespräch im EL-DE-Haus

1 In einem holzvertäfelten, sparsam möblierten Büro der Kriminalpolizei findet spät am Abend eine Zusammenkunft bzw. Konferenz statt. An der Konferenz beteiligt sind fünf Männer und eine Frau. Schreibe ihre Namen sowie ihre Funktion bzw. ihren Titel auf.

Name	Funktion

2 Wie lange dauert die Konferenz?.

3 Woran erkennt man schon hier, dass der Roman zur Zeit des Nationalsozialismus spielt (z. B. Ausstattung des Büros, verwendete Titel, Hierarchie, Machtstruktur)? Formuliere vollständige Sätze.

4 Die Vertreter der Behörden äußern sich zu den Edelweißpiraten. Wer vertritt welche Einschätzung? Ergänze zu den Zitaten die entsprechenden Namen.

„Sie treffen sich spontan an den Bunkern und in den Grünanlagen. Sie kennen sich aus der Nachbarschaft, den Schulen, den Betrieben. Nur Indianer. Keine Häuptlinge. Sie sind zwischen vierzehn und achtzehn. Lange Haare …" (S. 9)

„Unsere Maßnahmen bestanden bis jetzt aus Verhaftung, Verhör, kurzfristiger Internierung. Das sind lediglich disziplinarische Maßnahmen, Warnschüsse. Wir kommen ihnen damit nicht bei." (S. 8)

„Wer weiß, was sich daraus entwickelt. Dieser Schlange müssen wir beizeiten den Kopf abschlagen.“ (S. 9) ____________

____________ „[Mein Bericht] beruht auf meinen Erfahrungen mit wilden Jugendcliquen, einer Zeiterscheinung, die ein brennendes Problem darstellt.“ (S. 8)

„Diese Edelweißpiraten sind Romantiker, allesamt. Wanderungen in das Umland, Geländespiele. […] Aufrührerische Lieder. Kleinkriminalität. Die Verachtung der HJ. Sie mögen das Militärische nicht. Allesamt Proletarier.“ (S. 9) ____________

____________ „Es gibt keinen Kopf. […] Sie erkennen sich untereinander am Abzeichen, dem Edelweiß.“ (S. 9)

„Die Gruppierung, um die es insbesondere geht, […] ist kriminell und staatszersetzend. Im westlichen Ruhrgebiet und am Rhein hatten wir bis jetzt mehr als fünfhundert Verhaftungen. Der Erfolg ist gleich null. Zwei Rädelsführer konnten dem Sondergericht zugeführt werden. Am Aufwand gemessen, ist das zu wenig.“ (S. 8) ____________

5 Was ist der Anlass für die Konferenz und auf welche Vorgehensweise einigen sich die Teilnehmer am Ende? Erkläre und finde zusätzlich mindestens ein aussagekräftiges Zitat.

6 Welche konkreten (Straf-)Maßnahmen gegen die Jugendbewegung werden beschlossen? Erstelle eine Liste der bisherigen Strafen und eine der zukünftig geplanten.

Bisherige Maßnahmen:

1. ____________ (500)
2. ____________
____________ (2)
3. ____________
4. ____________
____
(= Inhaftierung und Isolierung)

Geplante zukünftige Maßnahmen:

1. ____________
____
2. ____________
____
3. jedes einzelne Mitglied schnappen, verhören und zum Reden bringen
4. in ihrer Freizeit ein paar Tage einsperren (Brauweiler oder Jugendarrest)
5. ____________
____
6. ____________
____
7. ____________
____
8. ____________
____
9. ____________
____

S. 13–44	Pauls Flucht nach Köln und seine Aufnahme bei den Edelweißpiraten
S. 13–19	Paul verlässt seinen Hof in Eikamp in Richtung Köln
S. 19–30	Paul lernt Franzi kennen, Aufnahme bei den Edelweißpiraten
S. 34–44	Paul lernt Bastians Familie kennen

7 In welchem Jahr spielt die hier beschriebene Handlung? ______________________

8 Warum verbrennt Paul die Sachen seiner Eltern auf dem Hof der Familie in Bergisch-Gladbach?

9 Paul hat von einem SS-Mann einen Reiseschein bekommen. Welche Funktion hat dieser? Markiere die korrekte Erklärung.

A	Sein Vater und er sind als Juden Insassen bzw. Gefangene im Sammellager Köln-Müngersdorf. Er bekommt den Auftrag, den elterlichen Hof, der von den Nationalsozialisten beschlagnahmt wurde, abzubrennen. Anschließend soll er ins Lager zurückkehren. Der Reiseschein bestätigt, dass er die Erlaubnis hat, sich drei Tage lang vom Sammellager zu entfernen.
B	Sein Vater und er sind als Juden Insassen bzw. Gefangene im Sammellager Köln-Müngersdorf. Er bekommt den Auftrag, die Tiere auf dem elterlichen Hof, der von den Nationalsozialisten beschlagnahmt wurde, zu versorgen. Anschließend soll er ins Lager zurückkehren. Der Reiseschein bestätigt, dass er die Erlaubnis hat, sich drei Tage lang vom Sammellager zu entfernen.
C	Sein Vater und er sind als Juden Insassen bzw. Gefangene im Sammellager Köln-Müngersdorf. Er bekommt den Auftrag, die persönlichen Sachen seiner Eltern auf deren Hof, der von den Nationalsozialisten beschlagnahmt wurde, zu verbrennen. Anschließend soll er ins Lager zurückkehren. Der Reiseschein bestätigt, dass er die Erlaubnis hat, alleine auf Reisen zu gehen.

10 a Weshalb glaubt Paul zu wissen, dass der Abschied von seinem Vater ein Abschied für immer ist? Erkläre.

b Was nimmt Paul aus seinem „alten Leben" mit auf die Flucht?

11 Wie muss man sich Herrn Wutz vorstellen? Fertige eine Zeichnung/Skizze an.

12 Welche drei Voraussetzungen zum Überleben möchte Paul auf seiner Flucht berücksichtigen? Formuliere als Tipps im Imperativ (in der Befehlsform).

____

13 Lies noch einmal nach, wie Paul nach Köln kommt, und trage die Namen der Stationen 1 bis 6 in die Legende ein.

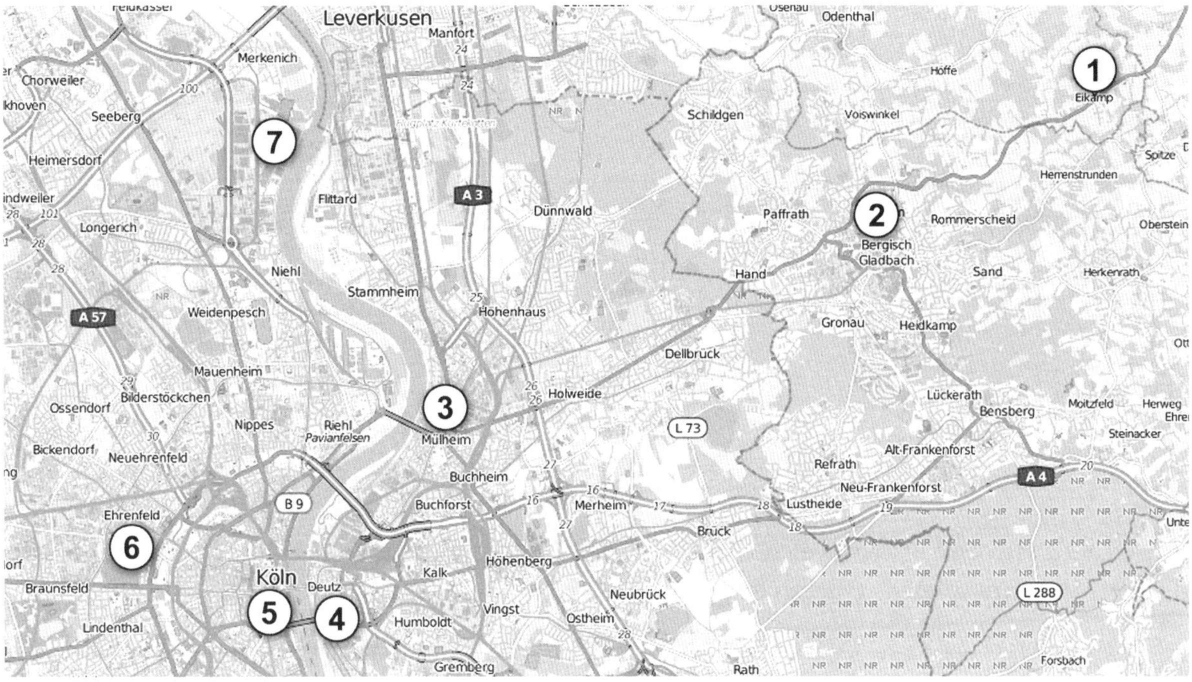

1	2
3	4
5	6
7*	* *(wird erst etwas später als Handlungsort erwähnt – recherchiere vorab, um welchen Ort es sich handeln könnte)*

14 Notiere dir Wichtiges zu den hier markierten Örtlichkeiten aus dem Glossar zum Buch in der folgenden Tabelle. Ergänze während des Lesens, was an diesen Örtlichkeiten geschieht.

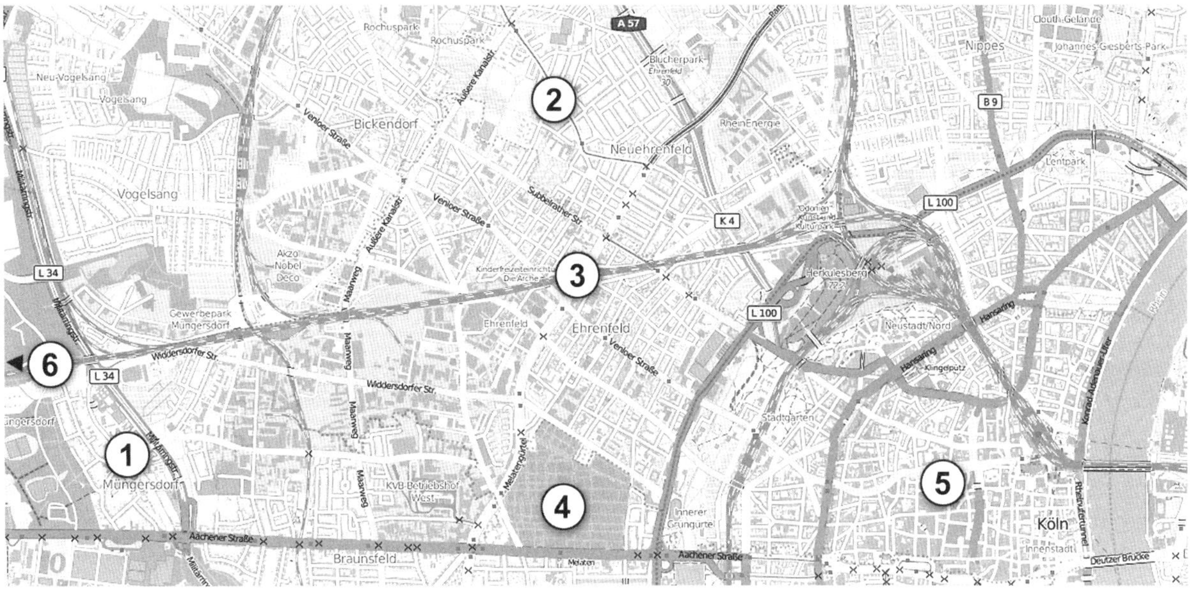

1 Köln-Müngersdorf	
2 Takuplatz	
3 Ehrenfelder Bahnhof	
4 Melatenfriedhof	
5 EL-DE-Haus	
6 Brauweiler	

15 In welcher **Zeitform** und aus welcher **Erzählperspektive** ist der Roman geschrieben? Was denkst du, weshalb wurde diese Perspektive gewählt?

16 Weshalb nennt Paul den Rest seiner Zigarettenstange seinen Notgroschen?

17 Was ist hier abgebildet und wozu diente es? In welchem Zusammenhang steht es mit Pauls Situation?

Schm Bestellschein 187,5 für 187,5 g Schweineschlachtfette 20 10. 2. bis 9. 3. 1941
Bu Bestellschein 437,5 für 437,5 g Butter 20 10. 2. bis 9. 3. 1941
Kä Bestellschein 187,5 für 187,5 g Käse 20 10. 2. bis 9. 3. 1941
Qu Bestellschein 125 für 125 g Quark 20 10. 2. bis 9. 3. 1941
Ma 1 Bestellschein 187,5 für 187,5 g Margarine oder 150 g Speiseöl 20 10. 2. bis 9. 3. 1941
Ma 2 Bestellschein 125 für 125 g Margarine 20 10. 2. bis 9. 3. 1941
100 Bestellschein für 100 g Butterschmalz 20 10. 2. bis 9. 3. 1941
100 g Butterschmalz 10. 2.–9. 3. 41
187,5 g Margarine od. 150 g Speiseöl Ma 1 10. 2.–23. 2. 41
125 g Margarine Ma 2 24. 2.–9. 3. 41
125 g Butter Bu 1 10. 2.–23. 2. 41
125 g Butter Bu 2 17. 2.–2. 3. 41
125 g Butter Bu 3 24. 2.–9. 3. 41
62,5 g Butter Bu 4 10. 2.–9. 3. 41
62,5 g Käse 1 10. 2.–23. 2. 41
62,5 g Käse 2 17. 2.–2. 3. 41
62,5 g Käse 3 24. 2.–9. 3. 41
125 g Quark 4 10. 2.–9. 3. 41
62,5 g Speck od. Schweinerohfett od. 50 g Schmalz 1 10. 2.–9. 3. 41
62,5 g Speck od. Schweinerohfett od. 50 g Schmalz 2 10. 2.–9. 3. 41
62,5 g Speck od. Schweinerohfett od. 50 g Schmalz 3 10. 2.–9. 3. 41
Jgd Gültig vom 10. 2. bis 9. 3. 1941 20
Reichsfettkarte
für Jugendliche von 14 bis 18 Jahren
EA: Niederbarnim
Name:
Wohnort:
Straße:
5 g Margarine od. 4 g Speiseöl 10. 2.–9. 3. 41 20
10 g Margarine od. 8 g Speiseöl 10. 2.–9. 3. 41 20

18 Was erfährst du über die Jugendlichen **P**aul, **F**ranzi, **B**astian und **H**otte? Ordne die Aussagen den entsprechenden Figuren zu, indem du die Anfangsbuchstaben ihrer Namen in die Kästchen schreibst.

- evangelisch getaufter Halbjude ☐
- ist Rangierer bei der Deutschen Reichsbahn ☐
- blaue Augen ☐
- war mal mit Franzi zusammen ☐
- schlanker Hals ☐
- ist Schlosser-Lehrling bei den Ford-Werken ☐
- groß und schlank ☐
- hasst die HJ, wurde unehrenhaft ausgeschlossen ☐
- 17 Jahre alt ☐
- Vater sitzt im KZ Eschwege ☐
- arbeitet in der Gärtnerei der Tante ☐
- muss bei der Werks-HJ Dienst machen ☐
- trägt Manchesterhose ☐
- ist Franzis älterer Bruder ☐
- Mutter ist tot ☐
- ca. 17 Jahre alt ☐
- trägt Lederhose und kariertes Hemd, derbe Schnürstiefel mit hellen Socken ☐
- wohnt bei seiner/ihrer Mutter in Köln Ehrenfeld, Landmannstraße ☐
- Vater ist bzw. war Brennstoffhändler in Bergisch-Gladbach und wurde deportiert ☐
- fröhlich, Lachgrübchen ☐
- kräftig, mindestens einen Kopf kleiner als Paul ☐

19 Finde ein passendes Zitat von Hotte, das zu der hier abgebildeten Szene passt.

20 Was erfährst du über Bastians Familie? Verfasse einen kurzen Text.

21 Was erfährt der Leser bisher darüber, wie die Edelweißpiraten sich selbst beschreiben bzw. definieren?

22 Wer gehört zu der Clique der Edelweißpiraten? Trage die Namen ein.

S. 44–51 Paul richtet sich im Garten bei Opa Tesch ein

23 Wohin wird Paul gebracht und von wem?

24 Treffen die folgenden Beschreibungen auf Opa Tesch zu? Markiere passend: ✓ = richtig; ✗ = falsch.

Opa Tesch …	✓	✗
ist seit einem Monat Witwer.		
hat kein Dach mehr über dem Kopf, vermutlich wurde er ausgebombt.		
hat bei einem Bombenanschlag ein Bein verloren.		
trägt eine pechschwarze Joppe.		
ist dunkelhäutig.		
hat langes wirres Haar.		
raucht.		
geht an einem Handstock.		

S. 52–85 Verhaftung und Verhöre bei der Gestapo

S. 52–57 Zacks Tod
S. 57–82 Bastians und Hottes Verhaftung und Verhöre im EL-DE-Haus

25 Weshalb liegen Bastian, Zack und Hotte nachts stundenlang im Schotter des Bahndamms und warten auf den Fliegeralarm? Was haben sie vor?

26 Wer verhaftet Bastian und wo?

27 „Nimm ruhig eine [Zigarette]. Ist vielleicht deine letzte.“ (S. 61); „Neulich hatten wir auch so einen wie dich am Schlafittchen […] Saß genauso da wie du jetzt auch, aber dann musste ihn der Kollege bei einem Fluchtversuch erschießen.“ (S. 61 f.)
Was wollen Ziegen und Klapproth mit solchen Aussagen erreichen?

28 Wer ist Föls? Was erfährt man hier über ihn?

29 Beschreibe mit acht Begriffen die (Situation in) Zelle 8, in die Föls Bastian bringt.

30 Was geschieht mit Bastian im EL-DE-Haus, der zentralen Dienststelle und dem Gefängnis der Kölner Gestapo? Was wird ihm angedroht? Zu was soll er gezwungen werden?

31 Zu welchen sieben Fragen soll Bastian Oberkommissar Ziegen Antworten liefern?

1. ______________________________
2. ______________________________
3. ______________________________
4. ______________________________
5. ______________________________
6. ______________________________
7. ______________________________

32 a Finde das Zitat, in dem Klapproth zusammenfasst, worum es ihm (und Ziegen) bei ihrer Arbeit hauptsächlich geht. Welche schwerwiegenden Delikte, auf die die Todesstrafe steht, müssen sie aufklären?

b In welchem Zusammenhang denkt Bastian in der Zelle an Paul?

c Warum werden Bastian und Hotte aus dem Gestapo-Gefängnis entlassen?

S. 86–92 Bastian bei Ford

33 Bastians Vorgesetzte wissen bereits von seiner Verhaftung. Wer ist Frericks? Kreuze Zutreffendes an.

Frericks ist …	richtig	falsch
Werkschutzmann bei Ford.	☐	☐
die rechte Hand des Betriebsobmanns Mahlmann.	☐	☐
Mahlmanns Mann fürs Grobe.	☐	☐
bereit zu bedingungsloser Opferbereitschaft, Treue und Kameradschaft im Sinne der Nationalsozialisten.	☐	☐
Bastians Vorgesetzter.	☐	☐
SS-Oberscharführer.	☐	☐
die Aufsichtsperson über HJ und Werksfeuerwehr.	☐	☐
Bastians Ausbilder.	☐	☐
die Aufsichtsperson über Werkschutz und den Spielmannszug der Deutschen Arbeiterfront.	☐	☐
überzeugter Nationalsozialist.	☐	☐

34 a Wem hat Bastian seine Lehrstelle bei den Ford-Werken zu verdanken?

b Was erfährt man über ihn? Schreibe Stichpunkte auf.

35 Welche Strafen drohen Bastian, wenn er weiter zu den Edelweißpiraten hält? Womit droht die Gestapo, womit der Betrieb?

36 Kläre mit einem Mitschüler oder einer Mitschülerin, was unter dem Begriff Osteinsatz konkret zu verstehen ist.

37 Wer ist Jupp Jablonski? Male die Felder farbig aus, die korrekte Informationen über ihn enthalten. Streiche Falsches durch.

Jupp ist freundlich zu Bastian.	Jupp kann nicht besonders gut rechnen.
Jupp ist ein begnadeter Dreher.	Jupp ist ein Spitzel Mahlmanns.
Jupp wird von Mahlmann unter Druck gesetzt.	Jupp sieht Bastian als Konkurrenten an.
Von Jupp kann Bastian eine Menge lernen.	Jupp arbeitet präzise und konzentriert.
Jupp ist ein bisschen älter als Bastian.	Jupps Schweißnähte sind Kunstwerke.
Jupp ist für die Aufhängungen zuständig.	Jupp hofft, dass Bastian viele Fehler macht.

38 Wie wird das Ford Maultier auf S. 91 im Buch beschrieben? Zitiere.

S. 92–113	Die Edelweißpiraten in Ehrenfeld
S. 97–99	Bastian und Hotte: Gespräch über Verrat
S. 99–100	Aussöhnung mit Franzi
S. 100–107	Die Edelweißpiraten unter sich, die Nachricht von Zacks Tod
S. 108–113	Prügelei mit der HJ

39 „Du weißt, dass du alles aufs Spiel setzt, was dir heute Morgen angeboten wurde, wenn du dich nicht von den Edelweißpiraten fernhältst?" (S. 93)

a Wer sagt das zu Bastian?

b Was wurde Bastian denn angeboten?

c Wie entscheidet er sich?

40 Was bedeutet die Formulierung „Die Nacht der langen Messer" (S. 99)?

41 Der folgende Text fasst kurz zusammen, warum sich Bastian und seine Freunde bei den Edelweißpiraten so wohl und aufgehoben fühlen.

Die Edelweißpiraten sind gerne mit ihren Freunden zusammen und mögen die gemeinsamen Fahrten und Wanderungen, bei denen sie sich frei und ungezwungen fühlen können. Denn sie möchten selbst entscheiden, wie sie ihre Freizeit gestalten, welche Musik sie hören und mit wem sie befreundet sind. Sie möchten Spaß haben und nicht gehorchen müssen. Die Einstellungen der Nationalsozialisten können sie nicht teilen, ihre Vorbilder sind nicht Adolf Hitler und seine Handlanger. Sie kennen und durchschauen das menschenverachtende Unrechtsregime. Bei den Edelweißpiraten finden sie Gleichgesinnte und wehren sich gemeinsam. Auch wenn die Widerstandsaktionen im Großen nicht viel verändern oder verhindern, helfen sie doch im Kleinen und sind ein klares Zeichen gegen die Hilflosigkeit.

Was würde Bastian wohl auf die Frage antworten, wenn seine Mutter oder Paul ihn fragen würden, warum er Mitglied der Edelweißpiraten ist und bleiben will? Verfasse Bastians Antwort.

42 Wie reagiert die Gruppe auf die Nachricht von Zacks Tod?

43 Bastian, Hotte, Fatz und Ralle treffen auf die HJ-Streife, von der sie offenbar beobachtet werden. Welchen der Jungen erkennen sie?

S. 113–122 | Fliegerangriff „Peter und Paul“ – Paul rettet Bastians Familie

44 Der Gang in den Luftschutzbunker war für viele Menschen schon längst zur nächtlichen Routine geworden. Welche Ängste begleiteten die Menschen aber dennoch immer in den Bunker?

45 Wem war der Zutritt zum Bunker nicht erlaubt?

46 Gib in eigenen Worten mündlich wieder, wie die Menschen die Bombenangriffe in den Bunkern oder Luftschutzkellern erlebt haben. Wie muss man sich das ungefähr vorstellen? Wer hatte welche Aufgabe zu erfüllen? Arbeite mit einem Gesprächspartner oder im Klassenverband.

47 Warum muss Bastian sich übergeben, als er den Bunker wieder verlässt?

48 Wie werden Paul und Bastian trotz Eifersucht und Misstrauen doch noch Freunde?

S. 122–129 | Billi besorgt Paul neue Papiere

49 Im Krankenhaus verarztet Billi zufällig einen jungen Mann, den sie anfänglich für Paul hält, weil er ihm ähnlich sieht. Der Mann stirbt und Billi nimmt seinen Ausweis an sich. Welche Chance bietet sich damit für Paul?

50 Wer soll ihnen zu einem Passfoto für Pauls Ausweis verhelfen? Was wird als Gegenleistung verlangt?

Aufgaben zu Teil zwei: Der Tod beugt sich über mich

S. 133–149	Paul streift durch die Stadt
	Franzi und Paul Karl-Ludwig (Karlu) Meisner, der Enkel von Opa Tesch, ist HJ-Spitzel für Ziegen

1 Informiere dich über die HJ. Weshalb war es den Nationalsozialisten wichtig, dass alle Jugendlichen einer nationalsozialistischen Jugendgruppe angehörten?

Welchen Reiz übte die HJ auf die männlichen Jugendlichen aus?

2 Warum kommt Karlu so regelmäßig zu seinem Opa in den Schrebergarten?

3 Paul wünscht sich eine gemeinsame Zukunft mit Franzi, hat aber gleichzeitig auch Angst davor. Was spricht seiner Meinung nach für ihn als Partner von Franzi, was gegen ihn? Welche Zweifel hat er?

+	
–	
Zweifel	

4 Laut Bastian darf Paul den Schrebergarten auf keinen Fall verlassen.

Trotzdem geht er mit Opa Tesch ins Neptunbad, wo es auch ein Dampfbad geben soll.

Was unternehmen die beiden noch?

5 Auf seinen Streifzügen durch die Stadt beschattet Paul Ziegen, dessen Tagesablauf fast immer gleich ist. Was findet er dabei über Karlu heraus und warum erzählt er Opa Tesch nichts davon?

6 Auch Klapproth beschattet er. Was meint Paul vermutlich damit, wenn er denkt, dass in dessen Fall der SS-Mann als Papa verkleidet ist? Besprich deine Vermutung mit einem Mitschüler oder einer Mitschülerin.

7 Erkläre, was der Schwarzmarkt ist bzw. wie diese Art des Handels funktioniert.

S. 149–155 | Paul wird Peter König

8 Bastian und Paul suchen Otto in den Häuserruinen der zerbombten Stadt. Er und seine Leute wechseln ständig ihren Unterschlupf. Otto gilt zwar als Legende des Widerstands, aber Bastian mag ihn nicht.

Was stört ihn an Otto?

9 Wie wurde die hier abgebildete Bombenformation genannt?

10 Bastian und Paul treffen sich mit Otto. Sie wollen den fertigen Pass abholen. Kreuze Zutreffendes über das Treffen an. Streiche Falsches durch.

- ☐ Otto hat ein Raubvogelgesicht und dunkle Augen.
- ☐ Er trägt einen langen schwarzen Mantel mit hochgestelltem Kragen.
- ☐ Otto macht immer wieder deutlich, dass er der Chef und Herr der Lage ist.
- ☐ Das Foto auf dem Ausweis ist zum Entsetzen aller nicht das von Paul.
- ☐ Das Foto auf dem Ausweis ist genauso abgeschabt und speckig wie der Ausweis selbst.
- ☐ Otto hat gute Arbeit abgeliefert.
- ☐ Otto hat sich nicht an die ursprüngliche Vereinbarung gehalten.
- ☐ Bastian und Paul finden Otto unheimlich.

S. 155–191	Das Leben in der Gärtnerei – Pauls Bude wird Treffpunkt
S. 160–166	Pauls neues Zuhause im Pferdestall der Gärtnerei
S. 167–172	Paul bekommt Arbeitspapiere
S. 181–191	Bunkerleben

11 Paul heißt jetzt offiziell Peter König und ist im Besitz von gültigen Papieren. Er zieht in die Gärtnerei von Franzis Tante um, in eine Kammer im Pferdestall. Welche Veränderungen gibt es nun in Pauls (Peters) Leben? Welche Auflagen macht Franzis Tante ihm? Verbinde sinnvoll.

Paul soll sich ein …	dass Paul ordentlich zupacken kann.
Er muss sich …	Lagusch gutstellen.
Die Tante …	Arbeitsbuch besorgen.
Paul soll sich mit …	duldet keine Liebeleien in der Gärtnerei.
Die Tante hofft, …	anmelden und sich Lebensmittelmarken besorgen.
Die Tante schreibt vor, …	dass Pauls Besuch sich zuerst bei ihr meldet.

12 Im Stall der Gärtnerei entdeckt Paul (Peter) das verwahrloste Pferd Hennes. Gegen den Willen des Vorarbeiters Lagusch, der offenbar ein Nazi ist, erreicht Paul, dass er das Pferd kaufen kann. Er kümmert sich leidenschaftlich um das Pferd. Woran erinnert ihn diese Arbeit?

13 „Du ziehst in die Kammer im alten Pferdestall.“ (S. 159)
Wie sieht es dort aus? Was findet Paul vor? Wie richtet er sich ein? Fertige eine kleine Skizze an und zeichne auch die Dinge ein, die Paul zur Verfügung stehen. Achte auf die genauen Angaben im Buch.

14 Was meint Franzi, wenn sie sagt, dass das Radio „aufgearbeitet“ ist?

15 Zu Pauls neuer Identität als Peter König gehört auch eine Geschichte, die seine Lage plausibel erklären soll. Wie lautet diese? Unterstreiche die entsprechenden Passagen im Buch und notiere am Rand, dass hier Hintergründe zu Pauls neuer Identität beschrieben werden.

16 Paul ist vor und bei seinem Gang zu den Kölner Behörden sehr nervös und aufgeregt. Aufzufliegen wäre für ihn lebensgefährlich. Welche Dokumente bzw. Papiere legt er bei welchen Dienststellen vor und was erhält er dort jeweils? Fülle die Tabelle entsprechend aus.

Behörde/Anlaufstelle	Papiere/Dokumente/Nachweise

17 Informiere dich, z. B. mithilfe des Glossars ab S. 415 im Buch, über die einzelnen Behörden und Papiere, sodass du sie erklären kannst.

Tausche dich mit einem Gesprächspartner darüber aus.

18 Karlu und die HJ haben Pauls Gartenlaube abgebrannt. Paul möchte Opa Tesch am liebsten auch in der Gärtnerei unterbringen. Weshalb findet Franzi es besser, wenn Opa Tesch im Schrebergarten bleibt? Kreuze die richtige Antwortmöglichkeit an.

- [ ] Franzi ist sich sicher, dass Tante Rose keinen weiteren Unbekannten aufnehmen will.
- [ ] Franzi möchte Paul möglichst von Opa Tesch fernhalten, weil sie einen schlechten Einfluss auf Paul befürchtet.
- [ ] Franzi sorgt sich um Opa Tesch, da dieser ein Parteiabzeichen der KPD im Geldbeutel hat und sich dadurch in Gefahr bringen könnte. Sie denkt, dass er im Garten sicherer ist.
- [ ] Franzi befürchtet, dass Karlu und seine HJ-Kumpanen sich dann auch in der Gärtnerei herumtreiben könnten.

19 Was erfährt man über Werner und Lagusch? Trage bei den Aussagen jeweils die Buchstaben **W** für Werner und **L** für Lagusch ein.

Er ist laut Franzi eine ehrliche Haut.	☐	Er ist ein bekennender Nazi.	☐
Er hat Kriegsverletzungen davongetragen und hat jetzt ein Glasauge und ein Holzbein.	☐	Er findet, dass Werners Äußerungen wehrkraftzersetzend sind.	☐
Vor ihm muss man auf der Hut sein und mit der Meinung über den Krieg hinterm Berg halten.	☐	Er findet, dass Werner schlechte Manieren und einen schlechten Einfluss auf die deutsche Jugend hat und verbittert ist.	☐
Er ist Tante Rose gegenüber loyal, obwohl diese die Nationalsozialisten nicht unterstützt.	☐	Er ist optimistisch und glaubt daran, dass Deutschland den Krieg gewinnen wird.	☐
Er hat viele Menschen sterben sehen.	☐	Er hat ein loses Mundwerk.	☐
Er feindet Lagusch ganz offen an.	☐	Er ist der Vorarbeiter.	☐
Er ist für das Bindegrün zuständig.	☐	Er ist ein Einzelgänger.	☐
Er wohnt/schläft in einem Verschlag im Kesselhaus.	☐	Er hilft den Fremdarbeiterinnen dabei, über die Runden zu kommen.	☐
Er weiß von den Geschäften auf dem Schwarzmarkt und ist auch daran beteiligt.	☐	Er erkennt, dass Paul sich eher „fürs Grobe" und nicht fürs Kränzebinden eignet.	☐
Er ist auf dem Schwarzmarkt tätig und verdient dort gutes Geld.	☐	Er ist nicht stolz auf seine Zeit als Soldat und sagt, dass ihm der Führer den Buckel runterrutschen könne.	☐
Er war vier Jahre lang Soldat.	☐	Er benimmt sich wie ein Klugscheißer.	☐

20 Abends kommen heimlich die anderen aus der Clique zu Paul. Was machen sie gemeinsam?

21 a Von wem stammen die folgenden Aussagen?

„Immer wenn ich denke, es geht dieser braunen Horde endlich an den Kragen, kommt mir in den Sinn, dass ich dazugehöre. Oder glaubt ihr, die Alliierten machen einen Unterschied zwischen uns und denen mit der Hakenkreuzbinde am Arm? Und wenn wir von einer gewonnenen Schlacht der Alliierten hören, ist es gleichzeitig auch eine verlorene Schlacht. Es sind unsere Väter und Brüder, die da sterben." (S. 185)

„Wir werfen Steine in den Nazibauch, bringen die Nazimaschinerie vielleicht ein bisschen zum Knirschen. Mal kleine, mal dicke. Und wenn es zu viele Steine sind, müsste doch irgendwann alles kippen und stillstehen."(S. 186)

b Welcher Zwiespalt bzw. welche Hoffnung wird in diesen Zitaten deutlich? Besprich deine Vermutungen mit einem Arbeitspartner.

22 a Bastian ärgert sich über Ralle. Warum? Bringe das Zitat in Zusammenhang mit Bastians Bedenken.

„Otto führt seinen Krieg gegen die Nazis. Und er hat gute Gründe. Jeden einzelnen kann ich unterschreiben. Aber wenn dir dein Leben lieb ist, Ralle, halte dich zurück. Dein Leben wird sonst eher zu Ende sein, als dir lieb ist." (S. 190)

b Paul kann Bastians Bedenken gut verstehen. Als ein etwas neutralerer Beobachter setzt er sich abends an seine Schreibmaschine und schreibt einen Brief an Ralle, den er ihm bei nächster Gelegenheit zustecken will. Er möchte Ralle Bastians Argumente nochmals ausführlich darlegen. Er möchte ausführen, was Bastian, Franzi und auch er unter Widerstand verstehen und wo für sie die Grenze gezogen werden muss zu dem, was Otto möglicherweise darunter versteht. Schreibe Pauls Brief an Ralle.

S. 191–230	Flugblattaktionen und Gefahren
S. 201–204	Die berühmte Flugblattaktion am Kölner Hauptbahnhof (historisch belegt)
S. 217–224	Lagusch, Werner, Paul und Ralle schmuggeln ein Schwein; Ralle entdeckt Zacks Grab

23 a Recherchiere: Wie heißt das Sprichwort richtig bzw. vollständig? Unterstreiche es.

- „Mitgehangen, mitgefangen, mitgegangen."
- „Mitgegangen, mitgefangen."
- „Mitgegangen, mitgefangen, mitgehangen."
- „Mitgegangen, mitgehangen."

b Was bedeutet dieses Sprichwort und welche Bedeutung hat es im Fall von Hotte, Bastian und Paul?

24 Warum sollen die Flugblätter anfangs nur bei Bombenalarm verteilt werden?

25 Stell dir vor: In einem vertrauten Moment zu zweit versucht Bastian, Franzi seine Todesangst zu beschreiben. Seit der Flugblattaktion bei den Flakhelfern verfolgt ihn ein tiefer Schrecken. Er hofft, dass es ihm hilft, wenn er jemandem davon erzählt. Schreibe dieses Gespräch zwischen Bastian und Franzi auf.

26 Rekonstruiere und beschreibe anhand der abgebildeten Gegenstände, wie die Flugblattaktion am Kölner Hauptbahnhof verlief. Arbeite mit einem Gesprächspartner.

Informiere dich …

… über **Euthanasie und Eugenik** im Nationalsozialismus. Lies zunächst noch einmal die Passage in der Lektüre nach, in der Werner Lagusch die Geschichte des behinderten Jungen Martin erzählt (vgl. S. 213 f.). Er will damit darauf aufmerksam machen, dass die Nationalsozialisten behinderte Menschen ermorden, weil man sie für „lebensunwertes Leben" hält.

Bereite einen fünfminütigen Kurzvortrag vor und stelle die wichtigsten Informationen in Wort und Bild dar.

27 Welche folgenschwere Entdeckung macht Ralle auf dem Friedhof? Was können die Jugendlichen daraus ableiten?

28 Wie reagieren die Jugendlichen (Ralle und Freddie) auf diese Erkenntnis?

S. 230–245	Bastian in Vogelsang (Wehrertüchtigungslager)
S. 235	Bastian erfährt vom Tod des Vaters
S. 237	Bastians Entlassung – Erinnerungen an früher
S. 240	Ankunft zu Hause

29 Bastian wird im Wehrertüchtigungslager schikaniert, lässt sich aber nicht verbiegen und bleibt seinen Überzeugungen treu. Der Lagerführer überbringt ihm die Nachricht vom Tod seines Vaters. Wie reagiert Bastian auf diese Nachricht?

30 Nach weiteren Misshandlungen wird Bastian freigelassen, muss aber nach Köln zurück laufen. Woran denkt Bastian auf seinem Fußmarsch? Trage seine Gedanken in die Gedankenblasen ein.

Alternativ kannst du auch eine Gedanken-Collage gestalten. Suche nach Illustrationen oder passenden Fotos (z. B. im Internet) oder zeichne selbst.

31 In welchem Zusammenhang steht für Bastian das Märchen „Rotkäppchen und der böse Wolf" mit dem, was er und die Edelweißpiraten vorhaben?

S. 245–266	Sabotage im Osteinsatz
S. 251–258	Pläne von Jupp Jablonski
S. 262–266	Bastian erzählt Paul von den Plänen

32 Bastian muss bei Ford Mahlmann gegenübertreten. Mit welchen Worten kündigt Mahlmann an, dass seine Geduld mit Bastian jetzt zu Ende ist? Zitiere die entsprechenden Passagen. Textstellen, die du auslassen willst, kannst du mit einer eckigen Klammer kennzeichnen.

33 Mit welcher Andeutung droht Bastian Frericks, als beide alleine sind?

34 Bastian muss zum sogenannten Osteinsatz. Er sieht, wie unmenschlich die russischen Zwangsarbeiter, die Ostarbeiter, behandelt werden.

a Zu welchem Umgang mit den Leuten rät ihm der Vorarbeiter? Finde die passende Textstelle auf S. 252.

b Welche Absicht wird hier verfolgt bzw. welches Menschenbild wird durch diese Äußerung deutlich?

c In der Handlung des Buchs werden auch an anderen Stellen russische Zwangsarbeiter erwähnt. Wo? Wie gehen die Mitglieder der Edelweißpiraten mit ihnen um?

Informiere dich …

… über **Zwangsarbeiter** in Deutschland zur Zeit des Nationalsozialismus. Du wirst erstaunt sein, wie viele große deutsche Betriebe und Firmen Arbeiter ausgebeutet und missbraucht haben.

Gib dein Wissen an deine Klasse weiter, z. B. in einem kurzen Referat.

35 Bastian wird von den Ostarbeitern Kapo genannt, obwohl er ihnen seinen Namen sagt. Der Begriff Kapo wird heute immer noch für Vorarbeiter auf dem Bau oder anderen Handwerkergruppen verwendet. Informiere dich im Glossar darüber, was der Begriff auch/eigentlich bedeutet.

36 Bastian kämpft gegen seine Angst an und schuftet beim Osteinsatz. Dort begegnet er Jupp Jablonski wieder. Zwei Tage später treffen sie sich in der Kneipe. Was meint Jupp damit, wenn er sagt: „Ist so eine Art Frühsport geworden“ (S. 255 f.)?

S. 266–292	Paul in Gefahr
S. 271–275	Oberstaatsanwalt Dr. Blömer in Ziegens Büro
S. 275–278	Abschied von Hotte
S. 278–292	Peter König im EL-DE-Haus
S. 286 f.	Gegenüberstellung mit Martha Osmann
S. 288–292	Spitzelauftrag für Paul alias Peter

37 Franzi war in Oberhausen, um etwas über Peter König in Erfahrung zu bringen. Was findet sie dort bei der Haushälterin der Königs, Frau Osmann, über Peter heraus? Ergänze die passenden Verben.

Die ganze Familie, bis auf die Haushälterin, ______ tot. Eine Luftmine ______ das Haus während einer Familienfeier. Sturmführer Alfons König, Peters Vater, ______ Kunstsachverständiger und ein hohes Tier in der NSDAP.

Die Familie ________ viel ______________, nach Prag, Krakau, Warschau, Amsterdam, Brügge und Paris. Der Vater ______________ dort jeweils Kunstraub und __________ bzw. ____________________ Kunstwerke für Hitler. Peter und seine Mutter ______________ mit. Peter ___________ von der Mutter ____________________. Frau Osmann _______ ihn ______________________. Peter ____________ auf die Napola nach Bensberg _______________, wo die Elite für den Führer _____________________________.

Informiere dich …

… über **Kunstraub** bzw. sogenannte Beutekunst zur Zeit des Nationalsozialismus.
Gib dein Wissen an deine Klasse weiter, z. B. in einem kurzen Referat.

38 Oberstaatsanwalt Dr. Blömer beklagt den mangelhaften Fortschritt in der Bekämpfung der Jugendcliquen. Oberkommissar Ziegen möchte um jeden Preis die Anstrengungen verstärken, die Edelweißpiraten zu schnappen. Warum?

39 Die Gestapo kommt zu Paul auf den Hof. Welche Bedeutung bekommen Franzis Worte „Sicherheit gibt es nicht. Nur die Hoffnung, dass sie ein guter Mensch ist.“ (S. 278) jetzt für Paul?

____

____

S. 292–295 | Abschied von Frau Frei, Elli, Oma Frei und Opa Tesch

40 Wohin fahren Frau Frei, ihre Mutter, Elli und Opa Tesch? Wo genau liegt dieser Ort?

____

____

41 Auch Karlu kommt zum Bahnhof, um sich von seinem Großvater zu verabschieden. Paul wird fast schlecht, als ihm auffällt, dass er neuerdings mit Karlu etwas gemeinsam hat. Was?

Genau wie Karlu _______________________________________.

S. 295–299 | Paul gesteht Bastian seine neue Aufgabe

42 „Junge, Junge, während ich mit allem, was ich tue, auf die Schnauze falle […], fällst du immer wieder weich auf die Füße. Respekt, Respekt." (S. 297)

Wer sagt das zu wem? Was ist damit gemeint?

43 Paul wirkt demotiviert und frustriert, als er sagt: „Wir bringen uns ständig in Gefahr und erreichen nichts." (S. 298)

Welche Aktionen im Widerstand können die Edelweißpiraten bisher vorweisen? Welche Rückschläge mussten sie dagegen einstecken? Fülle die Tabelle entsprechend aus.

Besprich deine Ergebnisse mit einem Arbeitspartner. Ergänzt gegenseitig Fehlendes.

Aktionen, Taten und Errungenschaften der Edelweißpiraten	Rückschläge, Verluste und Niederlagen

44 Wo befindet sich der neue Treffpunkt der Gruppe? Wo sollen zukünftig Nachrichten hinterlassen werden? Setze die folgenden Satzbausteine zu zwei vollständigen Sätzen zusammen. Setze die Satzzeichen entsprechend.

zukünftig • um halb acht • dem Leichenfeld der Gestapo • Die Gruppenmitglieder • treffen • unter den Birken • Wenn jemand nicht zum Treffpunkt kommen kann • wollen sich • am Gestapofeld • jeden Samstagabend • wo deren Opfer heimlich verscharrt werden • werden • im Sarglager auf Melaten • für denjenigen Nachrichten • hinterlassen

S. 299–323	Sabotage an den Lkws für den Osteinsatz
S. 299–311	Sabotage
S. 311–323	Der Werkschutzmann rettet Bastian das Leben

45 Überlege, was Bastian mit „Feierabendwiderstand“ (S. 300) meint. Besprich deine Überlegungen anschließend mit einem Arbeitspartner.

46 Jupp Jablonskis Plan scheint aufzugehen: „Das ist jetzt unsere Gelegenheit. Die werden sich wundern. […] Das ist, als hätten wir das große Los gezogen.“ (S. 303)

Wie stellt sich die „Gelegenheit“ dar und was plant Jupp?

Situation im Ford-Werk:

Jupps Plan:

47 Was gibt Jupp Bastian unmissverständlich zu verstehen, was zu tun ist, wenn etwas schiefgehen sollte? Streiche die entsprechenden Textstellen auf den Seiten 305 und 306 in deinem Buch an.

48 Bastian erzählt Franzi, dass die Sabotage aufgeflogen ist. Rekonstruiere Bastians letzte Erlebnisse bis hin zu seiner „Rettung" durch den Werkschutzmann. Erzähle (wenn nötig mithilfe der folgenden Stichworte) die Geschehnisse aus Bastians Sicht nach.

Samstagmorgen → Fahrradkette → drei schwarze Opel → Klapproth → Föls → Ärger mit den Zwangsarbeitern → Sabotage, Jablonski, Frei → sofort weg → über die Mauer → anderes Werkstor → Werkschutzmann → dunkler, enger Raum → Nasenbruch und Tränen → Zigarette → Sabotage aufgeflogen → „Oh nein!" → Werl – Bahnstrecke bis Soest zerbombt → Lkws Kolbenfresser → kriegswichtige Lastwagen → Sohn unterstützen → kein großer Freund der Nazis → „du könntest meiner sein" → „Peng!"

49 Bastians Worte „Weißt du, das war endlich mal etwas Großes gegen diese Dreckschweine. Und egal, was jetzt passiert, ich werde nicht aufhören. Es ist für mich der einzige Weg." (S. 322) machen Franzi nachdenklich. Zeige auf, wie unterschiedlich Bastian, Paul und sie mit der tagtäglichen Zermürbung im und durch den Krieg umgehen.

S. 323–339 | Bastian geht in den Untergrund zu Otto

50 Bastian muss untertauchen und möchte sich Otto und seinen Leuten anschließen. Otto stellt fest, dass Bastian offensichtlich einiges einstecken kann.

a Welche Leute braucht Otto laut eigener Aussage in seiner Truppe?

____

b Wozu kann er Bastian dann schlussendlich doch gebrauchen?

____

51 Recherchiere: Wo liegt St. Vieth? Welche Bedeutung hatte der Ort im Zweiten Weltkrieg?

Informiere dich …

… über die **Kriegspropaganda** während des Zweiten Weltkriegs. Wie veränderten sich die Begrifflichkeiten? Mit welchen Versprechungen wurden die Menschen manipuliert?

Gib dein Wissen an deine Klasse weiter, z. B. in einem kurzen Referat.

52 Finde Informationen zum sogenannten Westwall. Suche auch entsprechende Fotos im Internet.

S. 339–347 Bastians Festnahme

Informiere dich …

… über das **Hitlerattentat** vom 20. Juli 1944 bzw. die sogenannte Operation Walküre: Wer hat das Attentat verübt? Welches Ziel sollte verfolgt werden? Warum misslang das Attentat? Was passierte mit den Attentätern?

Gib dein Wissen an deine Klasse weiter, z. B. in einem kurzen Referat.

Zerstörung im Führerhauptquartier „Wolfsschanze“ nach dem Hitler-Attentat

53 Es herrscht Lebensmittelknappheit. Otto und seine Leute haben es auf Reiselebensmittelmarken abgesehen. Bei welcher Aktion wird Bastian geschnappt und von wem? Ergänze den Lückentext sinngemäß.

Der ____________ Ralle dringt in die ________________ ein, um die ________________ zu klauen. Bastian wartet am ____________ des Wagens. Auf dem Rückweg nach ____________, als alles eigentlich schon gut gegangen ist, baut Bastian einen Unfall, weil Ralle übermütig in die Luft ____________. Sie werden ____________, müssen davonrennen und suchen Deckung in den ____________. Ein Polizist stellt sie, Ralle ________ auf den Polizisten und ____________ ihn. Sie rennen weg. Auf der ________________ wird Bastian von ____________ und ____________ festgenommen.

S. 347–365 Die Hinrichtung der Edelweißpiraten am Hauptbahnhof

S. 354–355 Pauls Abschiedsbrief
S. 359–363 Paul erschießt Ziegen
S. 363–365 Bastian flieht

54 Von Fatz erfährt Paul: „Sie haben alle.“ (S. 348) Was ist damit gemeint?

____

____

____

____

____

55 Wie reagiert Franzi auf die Nachricht, dass alle Freunde im Gefängnis in Brauweiler sind?

56 Paul und Fatz wollen bleiben. Streiche im Buch die Textstelle an, in der beschrieben wird, welche stille Übereinkunft Franzi und Paul seit Bastians Inhaftierung getroffen haben.

57 Ziegen zitiert Paul zu sich. Überlege: Was will er von ihm? Inwiefern provoziert er ihn? Was kann man aus seinen unterschwelligen Andeutungen schließen?
Besprich deine Ergebnisse und Vermutungen mit einem Gesprächspartner.

58 a Streiche die falsche Variante der Aussagen durch.

Bastian/Paul schreibt einen letzten Brief auf seiner Adler. Er schreibt darin, dass Weglaufen für ihn **eine/keine** Lösung ist. Er bringt zum Ausdruck, dass der Krieg die Menschen **verändert/nicht verändert** und sie sich selbst an diesen dunklen Zustand **nicht gewöhnen/gewöhnen**. Ihm ist es **nicht wichtig/wichtig**, sich die Menschlichkeit zu bewahren, **total abzustumpfen/nicht total abzustumpfen** und **einfach mitzumachen/nicht einfach mitzumachen**. Er kündigt an, **nichts mehr tun zu wollen/etwas Bestimmtes tun zu müssen**, um seinen Frieden zu finden.

b Was meint er damit?

59 Paul findet heraus, dass Ziegen am Bahndamm, wo die Hinrichtung von Zwangsarbeitern und Edelweißpiraten stattfinden soll, im Einsatz ist. Paul setzt sich zu Ziegen in dessen schwarzen Opel. Warum ertönt ein langanhaltendes Hupen, als er den Wagen unauffällig wieder verlässt und davonrennt?

60 Die Gefangenen, die auf dem Lkw von Klapproth und Föls bewacht werden, hören zunächst die Melodie des Edelweißpiratenlieds, die jemand auf einer Mundharmonika spielt, und dann den Schuss. Wie entkommen Bastian und die anderen?

Aufgaben zum Epilog: Die Farbe der Hoffnung

S. 369–384 | Bastians Flucht in Richtung Pfronten

S. 369–372 Versteck im Müllwagen
S. 382–384 Mitfahrt im Lieferwagen

1 Bastian ist auf der Flucht. Nummeriere seine ersten Stationen nach Pfronten chronologisch.

Nr.	
	Er springt kurz vor der Müllhalde vom Müllwagen und versteckt sich im Gebüsch, dann dringt er in die Bretterbude an der Müllhalde ein.
	Er muss auf dem Weg nach Süden die Stadt durchqueren.
	Er rennt los, ohne sich umzudrehen.
	Er hat das Gefühl, dass Soldaten auf ihn schießen.
	Ein Lkw-Fahrer nimmt ihn bis kurz vor Remagen mit.
	Er versteckt sich auf einem Pferdewagen der Müllabfuhr.
	Er sieht drei gehängte Männer, die als Vaterlandsverräter hingerichtet wurden.
	Er tauscht seine Gefängniskleidung gegen Arbeitskleidung aus, die er auf der Müllhalde findet.

S. 384–388 S. 395–397 | Franzi wartet verzweifelt auf Paul, der nicht zurückgekehrt ist

2 Was ist aus den Menschen in Franzis Umfeld geworden? Kreuze entsprechend an bzw. ergänze die Angaben.

Name	tot	ver-misst	am Leben	Todesart/Aufenthaltsort/Sonstiges
Billi	☐	☐	☐	
Franzis Vater	☐	☐	☐	
Franzis Mutter	☐	☐	☐	
Hotte	☐	☐	☐	
Bastian	☐	☐	☐	
Paul	☐	☐	☐	
Ziegen	☐	☐	☐	

Name	tot	ver- misst	am Leben	Todesart/Aufenthaltsort/Sonstiges
Bastians Mutter	☐	☐	☐	
Bastians Vater	☐	☐	☐	
Bastians Schwester	☐	☐	☐	
Ralle	☐	☐	☐	
Freddie	☐	☐	☐	
Zack	☐	☐	☐	
Fatz	☐	☐	☐	
Jupp Jablonski	☐	☐	☐	
Otto Steinkamp	☐	☐	☐	

3 Franzi denkt Tag und Nacht an Paul. Unterstreiche auf Seite 388 die Textstelle, die zum Ausdruck bringt, dass Franzi sich ein Leben ohne ihn und ihre Clique nicht vorstellen kann und will.

S. 388–410	Bastian wird verhaftet
S. 388–390	Bastian wird verhaftet und kommt in ein Nebenlager des KZ Dachau
S. 390–395	Dachau, Flucht mit Alfons
S. 398–404	Unterschlupf bei der Bauernfamilie, Fahrt nach Pfronten und Wiedersehen mit seiner Familie
S. 404–410	erneute Verhaftung Bastians und Freilassung – Kriegsende

4 Bastian ist noch immer auf der Flucht. Nummeriere seine weiteren Stationen chronologisch.

Nr.	
	Bastian freundet sich im Konzentrationslager mit Alfons an.
	Bastian wird von einer Bauernfamilie aufgenommen und versorgt. Er bekommt zur besseren Tarnung die Uniform ihres gefallenen Sohnes Josef.
	Mit dem Zug fährt Bastian bis nach Pfronten und fragt sich zu seiner Familie durch.
	Bastian wird von der Polizei aufgegriffen, er hat keine Papiere und erfindet daher zunächst eine Geschichte. Er nennt sich Fritz Wils.
	Er wird in ein Nebenlager des Konzentrationslagers Dachau transportiert.
	Weil seine Mutter die neue Adresse der Familie nach Brauweiler geschickt hat, wird Bastian gleich wieder verhaftet.
	Da das Kriegsende naht, lässt die Polizei Bastian frei.
	Im Januar 1945 gelingt Bastian und Alfons bei Gleisbauarbeiten die Flucht aus dem Lager.
	Er will nicht mehr lügen und sagt, dass er Sebastian Frei heiße und geflohen sei.

Informiere dich …

… über das **Konzentrationslager Dachau**.
Gib dein Wissen an deine Klasse weiter, z. B. in einem kurzen Referat.

5 Franzi erzählt ihrem ungeborenen Kind Pauls Geschichte von der Hoffnung. Warum wird Franzi in dieser Situation klar, dass Hoffnung ein „irrwitziges Ding“ (S. 397) ist? Verstehst du ihre Aussage? Besprich deinen Erklärungsversuch mit einem oder mehreren Gesprächspartnern.

6 Bastian ist nach vielen Strapazen bei seiner Familie in Pfronten angekommen. Warum wird er dennoch nach kurzer Zeit wieder verhaftet und schließlich doch freigelassen?

7 Der Krieg ist aus. Hitler ist tot und die amerikanischen Truppen stehen kurz vor Berlin. Recherchiere, wie Hitler tatsächlich starb und was man in der deutschen Presse über seinen Tod verbreitet hat.

EXTRA THE STARS AND STRIPES EXTRA

HITLER DEAD

Fuehrer Fell at CP, German Radio Says; Doenitz at Helm, Vows War Will Continue

Churchill Hints Peace Is at Hand

8 Wähle eine (oder mehrere) der folgenden Aufgaben zum **Thema Hoffnung** aus und bearbeite sie.

a Bastian erzählt Elli nochmals die Geschichte vom bösen Wolf. Er denkt dabei an den Krieg, die Opfer, an seine Freunde, seine Familie und natürlich die Edelweißpiraten, die Stein um Stein im Bauch des Wolfs beigesteuert haben. Schreibe diese Geschichte auf (Fabel, Märchen oder Erzählung).

b An welchen Stellen im Buch kommt Pauls Geschichte der Hoffnung vor? Zitiere die Textstellen und/oder liste sie auf. Beschreibe, was die Geschichte jeweils für die Personen bedeutet.

c Die Geschichte rund um Franzi und Paul hat ein offenes Ende, das dennoch ein klein wenig Raum für Hoffnung lässt. Wie soll deren Geschichte deiner Meinung nach enden? Schreibe das Ende, das dir wahrscheinlich scheint oder das du dir wünschen würdest.

d Bastian schreibt einen Brief an das Bauernehepaar, das ihn so selbstlos aufgenommen hat. Er möchte den beiden danken und berichten, wie es ihm ergangen ist. Schreibe diesen ausführlichen Brief.

e Bastians Mutter erfährt von Bastian, was das Bauernehepaar für ihn getan hat, und natürlich auch, dass diese ihren Sohn im Krieg verloren haben. Weil sie so glücklich über das Kriegsende und Bastians Heimkehr ist, ist es ihr ein dringendes Bedürfnis, den beiden zu schreiben. Schreibe diesen Brief.

f Franzi glaubt nicht mehr, dass sie Paul wiedersehen wird. Sie ist sich aber sicher, dass ihre Liebe in ihrem Kind weiterleben wird. Sie beschließt, für ihr Kind aufzuschreiben, wer sein Vater ist/war und was er für sie bedeutet (hat). Sie richtet das Schreiben in einer Art Brief an das Kind. Schreibe diesen Brief.

g Lies die beiden Gedichte und das Zitat. Was passt deiner Meinung nach am besten zur Handlung des Romans? Begründe deine Meinung in einem ausführlichen Text mit Textbelegen.

Wenn die Hoffnung nicht wär,
so lebt ich nicht mehr,
denn die Hoffnung allein
kann lindern die Pein.
Und wie ging es denn hin,
und wie ging es denn her,
wenn die Hoffnung nicht wär!

Wenn Sturm und auch Wind
den Schiffsmann greift an,
und so denkt er dabei,
dass die Hoffnung noch sei.
Und wie ging es denn hin,
und wie ging es denn her,
wenn die Hoffnung nicht wär!

--- Volksweise ---

Hoffnung ist nicht die Überzeugung,
dass etwas gut ausgeht, sondern
die Gewissheit, dass etwas Sinn hat,
egal wie es ausgeht.

--- Vaclav Havel ---

Hoffnung

Es reden und träumen die Menschen viel
Von bessern künftigen Tagen,
Nach einem glücklichen, goldenen Ziel
Sieht man sie rennen und jagen.
Die Welt wird alt und wird wieder jung,
Doch der Mensch hofft immer Verbesserung!

Die Hoffnung führt ihn ins Leben ein,
Sie umflattert den fröhlichen Knaben,
Den Jüngling locket ihr Zauberschein,
Sie wird mit dem Greis nicht begraben,
Denn beschließt er im Grabe den müden Lauf,
Noch am Grabe pflanzt er – die Hoffnung auf.

Es ist kein leerer schmeichelnder Wahn,
Erzeugt im Gehirne des Toren.
Im Herzen kündet es laut sich an,
Zu was Besserm sind wir geboren!
Und was die innere Stimme spricht,
Das täuscht die hoffende Seele nicht.

--- Friedrich Schiller ---

Aufgaben zum Nachwort der Autorin

1 Wie sah der Widerstand der (echten) Edelweißpiraten bzw. Navajos aus? Beschreibe die Entwicklung.

2 Weshalb wählten sie füreinander Spitznamen?

3 Auf welche historisch belegten Tatsachen greift die Autorin in ihrem Roman zurück?

4 Woher stammen ihre Informationen?

D Nach dem Lesen: Textkenntnis vertiefen und überprüfen

Figurenkonstellation

Die Abbildung zeigt dir noch einmal auf einen Blick, welche Figuren in der Erzählung „Wir tanzen nicht nach Führers Pfeife“ eine Rolle spielen und in welcher Beziehung sie zueinander stehen. Außerdem sind einige wichtige Handlungen und Ereignisse aufgeführt. Präge dir die Grafik gut ein.

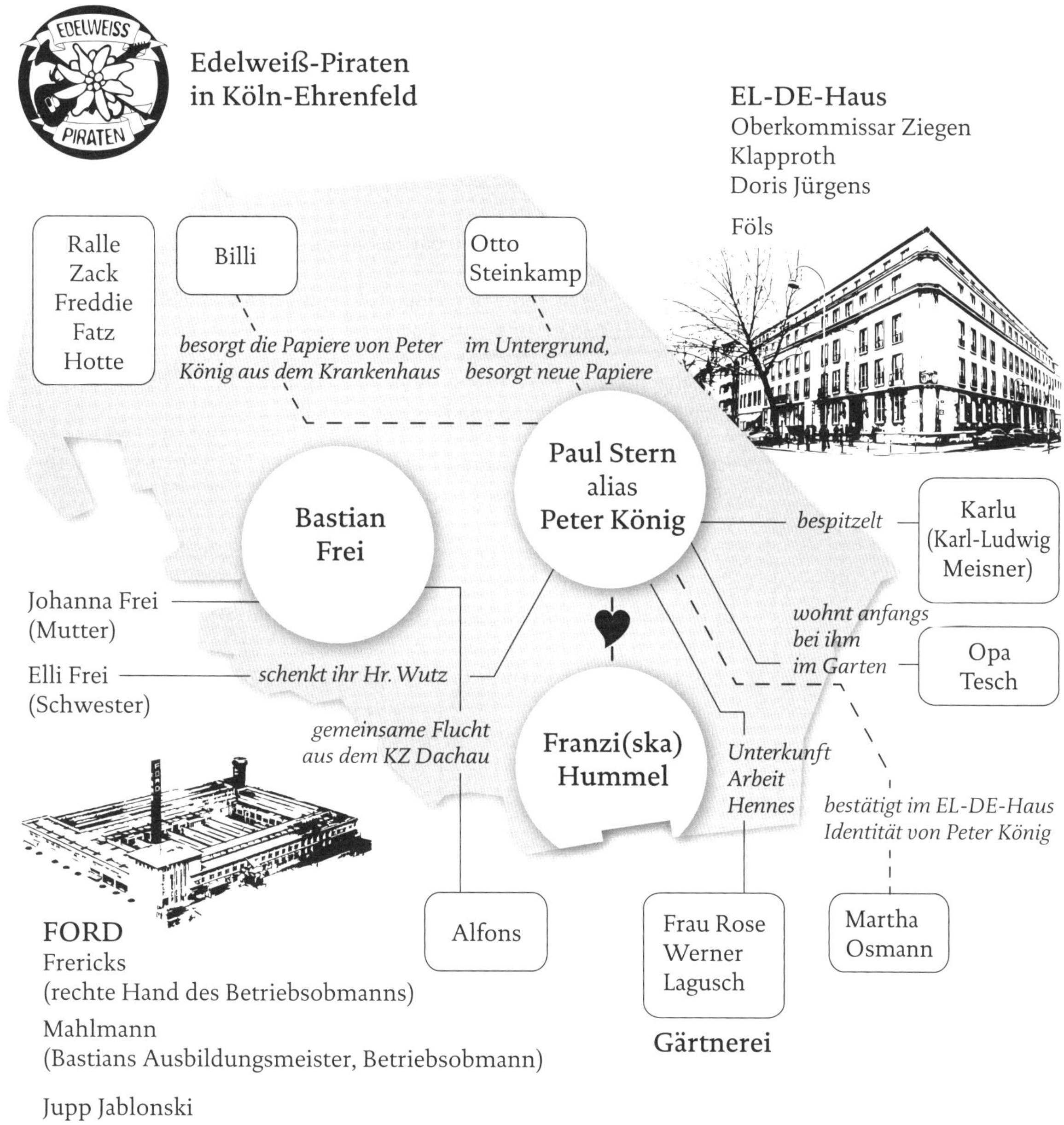

Selbsttest: Textkenntnis überprüfen

1 Trage ein, auf welche Figur/en des Romans die jeweilige Angabe zutrifft.

TEST

Figur/en	Aussage
	… erzählt seinem Sohn die Geschichte über die Hoffnung.
	… ist Hottes Schwester und arbeitet in der Gärtnerei ihrer Tante.
	… wird bei der Plünderung eines Bahnwaggons bzw. beim Versuch, Lebensmittel zu stehlen, erschossen.
	… wird von den Kommissaren Ziegen und Klapproth verhaftet und erlebt im EL-DE-Haus Zynismus und brutale Schläge von „Kellermeister" Föls.
	… ist bei der SS und schikaniert Bastian bei Ford.
	… ist Bastians Chef bei Ford und Bastian eigentlich wohlgesonnen.
	… findet unter vielen Verletzten einen toten jungen Mann, der aussieht wie Paul. Sie nimmt seinen Ausweis an sich.
	… ist ein geflohener KZ-Häftling, der im Untergrund lebt. Er will, dass die Gruppe ihm beim Verteilen von Flugblättern hilft.
	… ist Vorarbeiter in der Gärtnerei und ein Nazi, aber Tante Rose gegenüber loyal. Er ist dagegen, dass das Pferd jetzt Paul gehören soll.
	… hat ein loses Mundwerk und wohnt ebenfalls in der Gärtnerei.
	… arbeitet als Bote für Bomben-Otto und hat eine Pistole.
	… schickt Bastian ins Wehrertüchtigungslager.
	… sprechen miteinander über „lebensunwertes Leben", über Euthanasie.
	… hat einen Einberufungsbefehl für Januar bekommen.
	… sabotiert die Arbeit bei Ford, will „das Rädchen sein, das nicht rundläuft".
	… unterhalten sich über bisherige Ermittlungserfolge. Einer ist für menschenwürdige Behandlung der Edelweißpiraten, der andere für deren Kriminalisierung und Verfolgung als gefährliche Kriminelle.
	… wird zur Gegenüberstellung nach Köln gebracht. Sie tut so, als ob sie Peter (Paul) erkennt.
	…bricht Bastian im Ford-Werk die Nase, als die Sabotage auffliegt, rettet ihn aber trotzdem vor der Gestapo.
	… überfällt mit Bastian die Bezirksstelle, sie rauben dort Lebensmittelmarken.
	Bastian lernt ihn im KZ Dachau kennen und es gelingt ihnen gemeinsam die Flucht von dort.
	… päppelt Bastian wieder auf und gibt ihm die Uniform ihres gefallenen Sohnes.

2 Überprüfe, wie gut du dich im Buch auskennst. In jeder Zeile ist nur eine der Aussagen zum Buchinhalt richtig. Trage jeweils den Buchstaben der korrekten Antwort in die rechte Spalte ein.

TEST

	A	B	C	Lösung
1	Pauls Vater ist verhaftet, seine Mutter tot, er selbst soll sich im Sammellager für Juden in Köln-Müngersdorf melden.	Pauls Vater ist geflohen, seine Mutter tot, er selbst soll sich im Sammellager für Juden in Köln-Müngersdorf melden.	Pauls Eltern sind tot, er selbst soll sich im Sammellager für Juden in Köln-Müngersdorf melden.	
2	Als Paul zu den Edelweißpiraten kommt, sind alle misstrauisch. Bastian und Hotte beschließen, Paul zu helfen.	Als Paul zu den Edelweißpiraten kommt, sind alle misstrauisch. Hotte meint, dass es zu gefährlich ist, Paul zu helfen.	Als Paul zu den Edelweißpiraten kommt, wird er freudig begrüßt. Bastian und Hotte beschließen, Paul zu helfen.	
3	Bastian, Zack und Hotte wollen nachts einen Bahnwaggon knacken. Obwohl Zack sie warnt, springt Hotte vom Boden auf. Er wird erschossen.	Bastian, Zack und Hotte wollen nachts einen Bahnwaggon knacken. Obwohl Bastian sie warnt, springt Hotte vom Boden auf. Er wird erschossen.	Bastian, Zack und Hotte wollen nachts einen Bahnwaggon knacken. Obwohl Hotte sie warnt, springt Zack vom Boden auf. Er wird erschossen.	
4	Bastian wird bei der Arbeit von Klapproth schikaniert, doch sein Chef Mahlmann ist ihm eigentlich wohlgesonnen.	Bastian wird bei der Arbeit von Frericks schikaniert, doch sein Chef Jablonski ist ihm eigentlich wohlgesonnen.	Bastian wird bei der Arbeit von Frericks schikaniert, doch sein Chef Mahlmann ist ihm eigentlich wohlgesonnen.	
5	Bastian und Paul bekommen von dem ehemaligen KZ-Häftling Otto den gefälschten Ausweis. Als Gegenleistung sollen sie Flugblätter verteilen.	Bastian und Paul bekommen von dem ehemaligen KZ-Aufseher Otto den gefälschten Ausweis. Als Gegenleistung sollen sie Lebensmittel klauen.	Bastian und Paul bekommen von dem ehemaligen KZ-Häftling Otto den gefälschten Ausweis. Als Gegenleistung arbeiten sie von nun an für ihn.	
6	Bei der Flugblattaktion am Hauptbahnhof lassen Paul, Franzi, Billi und Bastian einen Kinderwagen zurück.	Bei der Flugblattaktion am Hauptbahnhof lassen Paul, Franzi, Billi und Bastian einen Rucksack zurück, in dem Pauls Initialen stehen.	Bei der Flugblattaktion am Hauptbahnhof lassen Paul, Franzi, Billi und Bastian einen Rucksack zurück, in dem Pauls alte Adresse steht.	
7	Billi wird verhaftet. Es wird vermutet, dass Zacks Mutter gegen sie ausgesagt hat, um auf dem Friedhof ein Grab für Zack zu bekommen.	Billi wird verhaftet. Es wird vermutet, dass Zacks Mutter gegen sie ausgesagt hat, um an Lebensmittelkarten zu kommen.	Billi wird verhaftet. Es wird vermutet, dass Zacks Mutter gegen sie ausgesagt hat, um sich für Zacks Tod zu rächen.	
8	Frau Osmann wusste offenbar nichts von den Machenschaften der Nazis und verspricht, Paul als Peter zu identifizieren.	Frau Osmann ist Halbjüdin, verachtet die Machenschaften der Nazis und verspricht, Paul als Peter zu identifizieren.	Frau Osmann kennt die Machenschaften der Nazis und verspricht, Bastian als Peter zu identifizieren.	
9	Paul wird zum vermeintlichen Gestapospitzel. Er berichtet Bastian lieber nichts davon. Die Gruppe trifft sich nun im Sarglager auf Melaten.	Paul wird zum vermeintlichen Gestapospitzel. Er berichtet Bastian davon. Die Gruppe trifft sich nun im Sarglager auf Melaten.	Paul wird zum vermeintlichen Gestapospitzel. Er berichtet Bastian davon. Die Gruppe trifft sich nun auf dem Gestapofeld.	
10	Kurz vor Kriegsende wird Bastian erneut verhaftet. Die Polizisten lassen sich jedoch bestechen und er kommt frei.	Kurz vor Kriegsende wird Bastian erneut verhaftet. Da er nicht mehr so streng bewacht wird, kann er fliehen.	Kurz vor Kriegsende wird Bastian erneut verhaftet. Die Polizisten lassen ihn jedoch wieder laufen.	

E Vorbereitung auf die Abschlussprüfung

Merkmale möglicher Textsorten im Überblick

In deinem Aufsatz zur Lektüre wird in der Abschlussprüfung Folgendes von dir erwartet:

- Du sollst beweisen, dass du das Buch gründlich gelesen hast.
- Du musst die Ereignisse, Gedanken und Sorgen der Figur(en) des Romans in deinem Text verarbeiten.
- Du solltest dich komplett in die Figur, aus deren Sicht du schreiben sollst, hineinversetzen. Du bist z. B. Bastian, Paul oder Franzi. Erinnere dich dazu an die Steckbriefe zu den Figuren. (S. 18 ff.)

Tipp

Stell dir vor, dass der Leser deines Textes das Buch gar nicht kennt. Die Zusammenhänge musst du ihm z. B. durch Erinnerungen der Figuren oder Rückblenden verdeutlichen.

Dialog

Ein Dialog ist ein Gespräch zwischen zwei oder mehreren Personen. Im Prüfungsaufsatz soll meist ein Gespräch, das in der Lektüre nicht stattgefunden hat, aber denkbar wäre – eine sogenannte „Leerstelle" – geschrieben werden.

Äußere Merkmale: Aussagen in Form von wörtlicher Rede, Namen der Personen stehen am Zeilenanfang und können im weiteren Verlauf mit dem Anfangsbuchstaben abgekürzt werden. Notwendige äußere Umstände werden durch *Regieanweisungen* eingefügt, z. B.:

Franzi (F): „Wo kommst du denn her? Sieh dich einmal an …"
Paul (P): „Das willst du gar nicht wissen."
(Franzi schaut entsetzt auf und lässt den Kranz auf den Tisch fallen.)
F: „Was ist denn passiert?"

Sprache: wörtliche Rede in Dialogform; Regieanweisungen verdeutlichen die Handlungen/die Gesten/die Mimik der Personen während des Gesprächs.

Inhalte: Hinführung zum Dialog durch eine kurze Einleitung (szenischer Einstieg), die deutlich macht, wo sich die Personen befinden und was zum Gespräch führt. Vorangegangene Ereignisse, Gefühle, Sehnsüchte werden in Aussagen, Rückblenden und Fragen so verdeutlicht, dass ein Spannungsbogen aufgebaut wird, der zum Höhepunkt führt. Der Charakter der literarischen Personen muss erkennbar sein. Typische, in der Lektüre gemachte Aussagen oder sprachliche Eigenheiten sollten im Dialog verwendet werden.

Anmerkung: Manchmal steht in der Aufgabenstellung „Gespräch" oder auch „Szene/szenische Umsetzung eines Erzählabschnitts" anstelle „Dialog". Für beides gelten jedoch die Merkmale des Dialogs. Beim szenischen Ausgestalten einer Situation können die Regieanweisungen etwas ausführlicher ausfallen.

Innerer Monolog

Der innere Monolog ist ein Selbstgespräch, das nur im Kopf der literarischen Figur abläuft. Du musst dich in die Figur und in die Situation, in der sich die Figur gerade befindet, so hineinversetzen, dass du alles wie selbst erlebt empfindest.

Äußere Merkmale: Auslassungszeichen, Gedankenstriche, Fragen, keine Überschrift

Sprache: Ich-Perspektive, Alltags- und Umgangssprache, bestimmte Wortfloskeln und Aussagen der Figur aus der Lektüre

Inhalte: Der Einstieg erfolgt unmittelbar, ohne Einleitung. Es finden sich viele Fragen (der Figur an sich selbst), die nicht zwingend beantwortet werden müssen. Die Gedanken kreisen oder springen hin und her. Vorangegangene Ereignisse werden durch Rückblenden/Erinnerungen verdeutlicht.

Tagebucheintrag

Einen Tagebucheintrag schreibt man dann, wenn einen ein Ereignis oder eine Situation so sehr beschäftigt, dass man seine wirren Gedanken loswerden oder ordnen will. Der Schreiber spricht sein Tagebuch an oder schreibt nur für sich selbst.

Äußere Merkmale/Aufbau: Anrede („Liebes Tagebuch") sowie Schlussworte („Dein/e ...") sind möglich; Datum (immer in die Zeit der Romanhandlung einordnen); kurze Hinführung/einleitende Worte, die die Problematik andeuten

Sprache: Ich-Perspektive, Alltags- und Umgangssprache, bestimmte Wortfloskeln und Aussagen der Figur aus der Lektüre können vorkommen.

Inhalte: Es findet eine Auseinandersetzung mit der Problematik/Situation, in der sich die Figur gerade befindet, statt. Deshalb kommen ehrliche Gedanken über Ereignisse oder über andere Figuren vor. Der Schreiber wird versuchen, sich Fragen zu seiner Situation selbst zu beantworten. Rückblenden auf Geschehnisse sind möglich. Die Figur wird Überlegungen zur Zukunft anstellen (dabei solltest du den weiteren Verlauf der Handlung im Blick haben). Es sollten Rückblenden als Erinnerung an Erlebtes oder Gesagtes eingebaut werden, ebenso Gedankensprünge oder abrupte Themenwechsel.

Brief/E-Mail

Hierbei handelt es sich um einen verschriftlichten Monolog. Der Schreiber bezieht sich auf einen Adressaten, an den das Schreiben gerichtet ist. Der Schreiber möchte diesem etwas Wichtiges mitteilen.

Äußere Merkmale: Datum, Anrede, Text, Grußformel

Sprache: Schriftsprache, geordnete Gedanken, roter Faden von der Hinführung (Einleitung) über die ausführliche Erläuterung des Themas/Schreibanlasses (Hauptteil) bis zum Schluss mit einem Lösungsvorschlag oder Ausblick in die Zukunft.

Inhalte: Es gibt einen Anlass, warum die literarische Figur den Brief schreibt. Auf vorangegangenes Geschehen wird durchaus auch ausführlich eingegangen und darüber reflektiert. Der Schreiber erklärt evtl. sein Handeln, rechtfertigt oder entschuldigt sich, thematisiert ein Problem, gibt einen Ausblick in die Zukunft oder drückt etwas Unausgesprochenes aus. Der Adressat kann direkt angesprochen werden, z. B. durch Fragen.

Rede

Eine Rede ist ein mündlicher Vortrag, bei dem der Redner sich zu einem bestimmten Anlass, einem bestimmten Thema oder Ereignis aus der Lektüre oder zu einer anderen literarischen Figur äußert und zu einem Publikum spricht. Seinen Vortrag hat der Redner vorher gründlich vorbereitet; er kann sachlich informieren, aber auch Emotionen wecken. Der Redner verfolgt in jedem Fall ein Ziel. Achte darauf, dass du dich in eine literarische Person hineinversetzen musst und aus ihrer Sicht, also als diese Person und vor dem Hintergrund der Handlung in der Lektüre, die Rede verfassen sollst.

Äußere Merkmale: Anrede, Gliederung in thematische Abschnitte, zum Schluss Verabschiedung und Dank an die Zuhörer

Sprache: einfache, klar verständliche Sätze; geordnete Gedanken; Fragen, die auch beantwortet werden können; Einbezug der Zuhörer während der Rede

Inhalte: Zu Beginn Begrüßung der Zuhörer und kurze Einleitung (benennt Anlass und Thema der Rede). Durch die Rede kann sich ein „Aufhänger" (Symbol, Metapher etc.) ziehen, auf den sich der Redner immer wieder bezieht. Das Thema wird ausführlich von allen Seiten beleuchtet; der Redner verdeutlicht seinen Standpunkt und begründet ihn. Zum Schluss gibt der Redner einen Ausblick und fordert die Zuhörer ggf. zum Handeln auf.

1 Ordne den hier genannten Textsortenmerkmalen die entsprechenden Textsorten zu. Mehrfachnennungen sind möglich.

Merkmale	Textsorte/n
a Die Äußerungen der Figuren werden in wörtlicher Rede wiedergegeben und entsprechen dem Sprechstil der jeweiligen Person.	
b Der Leser des Textes und dessen Reaktionen auf das Gelesene werden mit einbezogen, da er/sie nicht direkt auf das Geschriebene reagieren kann. Der Schreiber geht aber von bestimmten Reaktionen aus.	
c Spontane Themenwechsel und gedankliche Abschweifungen vom Thema sind möglich.	
d Die eingeschränkte Perspektive der Figur darf nicht verlassen werden.	
e Der Grund für das Schreiben des Textes wird in den meisten Fällen ausdrücklich genannt.	
f Umgangs- und Alltagssprache der jeweiligen Figur werden verwendet.	
g Das Geschehene wird im Nachhinein reflektiert und bewertet.	
h Ehrliche Gedanken, die nicht unbedingt ausgesprochen werden würden, tauchen auf.	
i Die Position des Schreibenden zu einem Thema wird deutlich.	
j Der Ablauf des Geschehens muss allein durch das Gesagte nachvollziehbar werden.	
k Es dürfen keine anderen Figuren zu Wort kommen.	
l Die Figur stellt Fragen an sich selbst.	
m Kommentare zu gerade stattfindenden Ereignissen oder zu anderen Figuren, dem eigenen Verhalten, vergangenen Geschehnissen usw. kommen vor.	
n Regieanweisungen, die zusätzliche Informationen liefern, können eingearbeitet werden.	
o Der Text könnte als Verarbeitung des Tagesgeschehens gesehen werden.	
p Gedanken und Gefühle werden direkt und unmittelbar in Worte gefasst.	

2 Die folgenden Textauszüge stammen aus Lösungen zu Schreibaufgaben. Beantworte zu jedem Textauszug folgende Fragen.

a Welche **Textsorte** wurde hier umgesetzt? Woran ist das erkennbar?

b Aus der **Sicht welcher Figur** wurde der Text verfasst?

c An welcher **Stelle der Handlung** setzt diese Schreibaufgabe vermutlich an? Nenne die entsprechende Situation und gib dazu die **Seitenzahl** an.

Textauszug 1

... Beruhige dich, Paul, keine falsche Äußerung, kein verräterischer Gesichtsausdruck, keine auffällige Bewegung. Der kann sonst in dir lesen wie in einem Buch. Das muss er dir doch ansehen, wie du dich ekelst, wie du innerlich tobst, ihm an die Gurgel willst. Das will er doch nur provozieren, dass ich mich verrate, dass seine Sticheleien doch noch Wirkung zeigen.

Warum sonst sollte er mir das alles erzählen? Er weiß etwas, er muss etwas wissen oder ahnen, warum sollte er mir sonst die Geschichte von Paul Stern und dessen – meinem! – Vater erzählen? Warum ist er da so verbissen drangeblieben, er muss mich doch irgendwie in Verdacht haben. Warum sollte er sonst Peter Königs Herkunft anzweifeln?

Da hat ihn der Ehrgeiz gepackt, das konnte er nicht auf sich sitzen lassen, dass der große Ziegen das nicht herausgefunden hat, das mit den Flugblättern am Hauptbahnhof. Mein Rucksack, meine Initialen, mein altes Leben, mein echtes Leben. Ach Vater, werde ich nun doch noch so enden wie du? Umgebracht von diesen Nazis? Oder sogar an der Front sterben – als Nazi? Wenn ich einberufen werde, dann ist es ohnehin aus. Ich sitze hier als Verräter und trinke Kaffee mit so einem Ungeheuer ... hinausschreien müsste ich es, ihm ins Gesicht spucken. Mich kriegst du nicht, nicht meine Seele, nicht meine Überzeugung. Ich werde alles runterschlucken, aushalten und dann endlich handeln. Dieses Mal ist es mit Flugblättern allein nicht getan. Wenn es sein muss, kann ich auch vor dem Äußersten nicht mehr zurückschrecken. Ich muss zu allem bereit sein.

Textauszug 2

... Es müssen ja nicht immer nur Flugblätter auf meiner Schreibmaschine getippt werden. Der Streit zwischen dir und Bastian geht mir nicht mehr aus dem Sinn, weshalb ich beschlossen habe, dir zu schreiben. Eigentlich war es ja meine Angelegenheit mit dem neuen Pass, die dazu geführt hat, dass wir Ottos Dienste in Anspruch nehmen mussten. Deshalb möchte ich natürlich nicht, dass eure Freundschaft ins Wanken gerät, nur weil ihr beide bereit seid, mir zu helfen. Und ich als Außenstehender kann dir vielleicht auch sagen, dass Bastian – genau wie du und ich – diese Nazis drankriegen will, dass auch wir nicht tatenlos zuschauen wollen, wie die Nazis alles zerstören. Und trotzdem verstehe ich Bastian, wenn er Ottos Aktionen mit etwas Bauchgrimmen sieht, mir geht es ebenso. Otto zieht ein anderes Ding durch, ein extremes, ein Vorgehen auf Gedeih und Verderb – das ist nicht Bastians Weg und meiner auch nicht. Obwohl auch ich eine Waffe besitze, kommt es mir nicht in den Sinn, sie einzusetzen. Wir verachten die Methoden der Nazis und wollen nicht handeln wie sie. Es muss also einen anderen Weg geben. Pass auf dich auf, lass dich nicht zu weit hineinziehen, und denk daran, dass wir alle doch noch auf ein Leben danach hoffen. Nimm Bastian seine Reaktion nicht krumm.

Dein ...

Textauszug 3

Franzi: Und trotzdem, trotzdem bleibt diese ständige Angst. Ihr glaubt ja gar nicht, wie groß meine Angst jedes Mal ist, wenn ihr loszieht. Seit Zacks Tod ist ja immer mit dem Äußersten zu rechnen … *(fällt Bastian in die Arme)*

Bastian *(muss schwer schlucken, um die aufkommenden Tränen zu unterdrücken, redet ganz leise):* Ich weiß jetzt, wie sich das anfühlt, Franzi. Es gibt ja die Angst, die einem Herzrasen verursacht, die einen lähmt oder einem Kräfte verleiht. Aber da gibt es noch eine andere Angst, eine, die einen in Stücke reißt, die einem die Brust aufschneidet …

Franzi *(schaut Bastian verstört an):* Als dich der Flakhelfer erwischt hat?

Bastian: Ja. Nie hätte ich mir das träumen lassen. Du weißt ja, dass ich an sich nicht von der ängstlichen Sorte bin, dass ich ein bisschen Angst schon abkann und mir nicht gleich ins Hemd mache. Aber in dem Moment, als ich diese scharfe Stimme hörte, als ich da mit erhobenen Händen stand, zum ersten Mal das Klicken hörte, der Lauf des Karabiners genau auf meine Stirn zeigte – da raste meine Puls, meine Hände waren schlagartig schweißnass. Als ich dann den Stahlhelm sah und das Gesicht darunter und aussprechen musste, dass ich Flugblätter habe fallen lassen … Er wird mich packen, mitnehmen, abführen. Ich werde standrechtlich erschossen – das alles durchzuckte mich wie ein Blitz. Was man alles in einem einzigen Augenblick denken kann! Und dann erst hat mein Körper reagiert, ich habe gezittert wie Espenlaub. Seitdem weiß ich, wie sich Todesangst anfühlt.

Textauszug 4

Heute Morgen habe ich auf dem Weg in die Stadt inmitten von Trümmern eines zerbombten Hauses zwei rote Tulpen blühen sehen. Ich musste zweimal hinschauen, fast hätte ich meinen Augen nicht getraut. So grotesk wirkte das Bild auf den ersten Blick. An den Anblick von kaputtem Glas, zerbeulten Blechzubern und hohlen Fenstern, ja sogar an Leichen auf der Straße hat man sich gewöhnt, die Augen sind abgestumpft. Wie ein kleines Wunder haben diese Tulpen ihrem Umfeld getrotzt, wie zwei, die sich einfach nicht unterkriegen lassen wollen, die Frühling machen, auch wenn Frühling verboten ist, die blühen, obwohl niemandem sonst nach Blühen zumute ist. Wie zwei Liebende in einer Zeit, in der die Liebe verschwunden zu sein scheint. Paul, mein erster Gedanke galt natürlich dir, wir waren die zwei Tulpen, die ganz unverhofft gemeinsam blühen durften, obwohl wir es selbst fast nicht glauben konnten. Eine zerbrechliche Liebe, eine Liebe, die jeden Tag neu ausgekostet werden musste, weil sie vergänglich war, weil alles vergänglich war und jederzeit zu Ende sein konnte. Und so kann man doch auch daraus noch Hoffnung schöpfen, dass sich die Welt diese ureigenste Fähigkeit erhalten hat, dass jeden Morgen aufs Neue die Sonne aufgeht, dass nach dem Gestern auch wieder ein Morgen kommt und dass Liebe, unsere Liebe, in solchen Zeiten möglich war, nein, ist. Unverzeihlich, dass mir hier schon die Vergangenheitsform aufs Papier geflossen ist. Paul, mit jedem Tag schwindet meine Hoffnung, dich jemals wiederzusehen. Und doch ist sie da, die Hoffnung, die Liebe. Und selbst wenn jemand die zwei Tulpen abpflückt, wenn ein Kind sie seiner Mutter mitbringt oder ein unbedachter Schritt sie niedertrampelt, dann weiß man doch, dass in der Blumenzwiebel noch Kraft geblieben ist, Kraft, die im nächsten Frühling wieder eine Tulpe blühen lässt …

F Schreibaufgaben im Stil der Abschlussprüfung

1 „Dieser Bastian Frei hat es uns nicht leicht gemacht. Dich mochte er wohl nicht? Oder? Du hast ihm das Mädchen weggeschnappt, sagte er. [...]' Paul hätte sich ohrfeigen können. Bastian hatte ihn schützen wollen. [...] Und er, Paul, saß hier, trank Kaffee und war ein elender kleiner Spitzel, ein Verräter." (S. 353)

Während Paul alias Peter König bei Oberkommissar Ziegen Kaffee trinkt, eröffnet ihm dieser, dass er demnächst seine Einberufung erhalten wird und Ziegen mit seinen „Freunden" fertig ist. Paul überlegt in seiner Wut und Ohnmacht, was er tun kann.

Schreibe diesen inneren Monolog Pauls.

2 „Sie schrieb in ein Heft, das sie unter ihr Kopfkissen stopfte: Ist Liebe in einer solchen Zeit möglich? Und sie antwortete sich selbst: Ja, ja, ja. Wir hatten sie doch!" (S. 387)

Franzi vermisst Paul schmerzlich. Um ihr Gefühlschaos zu ordnen, schreibt sie ihre Gedanken in ihr Heft.

Schreibe diesen Tagebucheintrag.

3 „Und er dachte dabei an Elli und seine Mutter und seinen Vater. Und natürlich an seine Freunde, an Zack, Ralle, Fatz, Billi und Freddie, Hotte und Franzi und vor allem an Paul. Sie alle hatten dafür gesorgt, dass in diesem Krieg die Hoffnung nicht untergegangen war." (S. 410)

Nach Kriegsende und nachdem Bastian in Pfronten bei seiner Familie in Sicherheit ist, meldet er sich mit einem Brief bei Franzi in der Gärtnerei. Er berichtet ihr, wie er sich vor der Hinrichtung retten konnte, wie es ihm auf der Flucht ergangen ist und darüber, wie er es schließlich heil bis nach Pfronten geschafft hat. Natürlich will er von Franzi unbedingt wissen, was mit ihr und den Freunden geschehen ist.

Schreibe Franzis Antwortbrief an Bastian.

Gehe bei den **Schreibaufgaben** am besten folgendermaßen vor:

1. Untersuche die Aufgabenstellung.
   Wer äußert sich und **in welcher Situation** befindet sich die Figur?
   Lies noch einmal die Textstelle nach. Es empfiehlt sich, zwei bis drei Seiten vorher mit dem Lesen zu beginnen, um zu erfahren, wie die Figur in diese Situation gekommen ist. Lies ggf. auch, wie es danach weitergeht.
2. Überlege dir, mit welchen **Themen** (Schlüsselszenen) sich die Person in dem Schreibauftrag auseinandersetzen wird. Notiere dir diese, lies sie in der Lektüre nach und lege eine **Reihenfolge** fest.

Tipp: Um in deinem Aufsatz das Buch inhaltlich zu verarbeiten (dies wird von dir erwartet), solltest du mindestens drei bis vier Schlüsselszenen ausführlich bearbeiten. Andere kannst du in Rückblenden kurz erwähnen.

3. Welche **Textsorte** wird für deinen Schreibauftrag verlangt? Welche **Merkmale** der verlangten **Textsorte** musst du beachten? Kläre dies für dich und überlege, wie du dies umsetzen kannst.

Die Vorlage eines Schreibplans auf der nächsten Seite hilft dir bei deinen Vorarbeiten. Kopiere diese, damit du sie mehrmals verwenden kannst.

Schreibplan

Wer äußert sich? ______

In welche Textsorte soll die Äußerung gefasst werden? ______

Ausgangssituation / vorausgegangene Situationen? ______

______

______

Themensammlung/Stichwortliste

Themenvorgaben der Aufgabenstellung	Stichwortsammlung

Mögliche weitere Themen	Stichwortsammlung

Inhaltsübersicht zum Einkleben

Um dir eine bessere Orientierung und schnelles Nachschlagen zu ermöglichen, schneide die folgenden Inhaltsübersichten aus und hefte oder klebe sie mit Klebeband vorsichtig in dein Buch ein. **Achtung:** Da die Übersichten in der Prüfung nicht erlaubt sind, musst du sie vorher wieder entfernen!

LÖSUNGSHEFT

Deutsch 10. Klasse

„Wir tanzen nicht nach Führers Pfeife"

von Elisabeth Zöller

STARK

Realschule

Lösungsvorschläge

A Vor dem Lesen: Vorwissen aktivieren und aufbauen

Vermutungen zu Zitaten aus dem Buch

1 *Schülerlösung*

2 *Partnerarbeit*

3 *Schülerlösung*

4 *Gruppenarbeit*

5 *Schülerlösung*

Die Zeit des Nationalsozialismus

6

Gestapo	Geheime Staatspolizei
NS	Nationalsozialismus/ nationalsozialistisch
NSDAP	Nationalsozialistische Deutsche Arbeiterpartei
KZ	Konzentrationslager

7
a) Vernichtungslager
b) Alliierte
c) KZ
d) Antisemitismus
e) „Führer"
f) Sonderkommando
g) Holocaust
h) Ghetto
i) „Endlösung der Judenfrage"
j) Faschismus
k) NSDAP
l) SS
m) Hitlerjugend (HJ)
n) „Drittes Reich"
o) Deportation
p) Luftschutzbunker
q) „Euthanasie"
r) Propaganda
s) Gestapo
t) Pogrom
u) SA
v) Kollaboration
w) „Arier"

8 Die Wörter in Anführungszeichen sind Propagandabegriffe der Nazis. In der Regel beschönigen diese Formulierungen das, um was es geht.

Bombenangriffe auf Köln – eine Stadt in Trümmern

9 *Mögliche Zwischenüberschriften könnten sein:*
- Die Machtergreifung der Nationalsozialisten
- Bombenangriffe auf Köln während des Zweiten Weltkriegs
- Zerstörungen in Köln

10 Du solltest folgende Daten markiert haben:
- 30./31. 5. 1942: erster 1 000-Bomber-Angriff auf Köln
- 28./29. 6. 1943: „Peter-und-Paul-Angriff" auf Köln; Altstadt und Dom werden schwer beschädigt
- 8./9. 7. 1943: schwerer Luftangriff auf Köln
- 4. 3. 1944: erster Tagesangriff auf Köln (Sprengbomben)
- 1. 9. 1944: In Köln endet die Schule; alle Schüler und Lehrer werden am „Westwall" eingesetzt.
- 10. 11. 1944: Hinrichtung von 13 Widerständlern, auch Edelweißpiraten, in Köln-Ehrenfeld
- 2. 3. 1945: letzter Bombenangriff auf Köln
- 6. 3. 1945: Amerikanische Truppen marschieren in Köln ein.

Edelweißpiraten

11 Edelweißpiraten waren unangepasste Jugendliche, besonders im Rhein-Ruhr-Gebiet, die nicht Angehörige der Hitlerjugend (HJ) waren, und sich in Parks, Stadtvierteln und später an den Bunkern trafen. Sie waren in vielen kleinen Gruppen lokal organisiert, hatten aber kein gemeinsames Programm oder gemeinsame Strukturen (keine Anführer, keine überregional organisierten Treffen und Aktionen mit gemeinsamen Zielen, keine Mitgliedsausweise etc.).

12 Sie wollten ihre Freiheit und sich nicht herumkommandieren lassen. Sie wandten sich gegen alle Autoritäten.

13 Sie unternahmen in ihrer Freizeit Fahrten, ganz ohne Zwang, sie sangen freiheitliche und verbotene Lieder und lieferten sich Schlägereien mit der HJ. Sie leisteten aber auch aktiven politischen Widerstand, z. B. indem sie Flugblätter verteilten, Parolen an Wände schrieben, Informationen der BBC verbreiteten, Deserteure und geflohene Zwangsarbeiter versteckten und Lebensmittel stahlen. Darüber hinaus sammelten sie auch Waffen und verübten Anschläge auf Gestapo- und NS-Funktionäre.

14
- „Richtlinien zur Bekämpfung jugendlicher Cliquen“ vom 25.10.1944 von NS-Jurist Erik Kaltenbrunner: Die Edelweißpiraten wurden zu Staatsfeinden und Hochverrätern erklärt, indem darin festgelegt wurde, dass für jugendliche Gruppen mit „vorwiegend staatsfeindlichen Bestrebungen“ die Geheime Staatspolizei zuständig sei.
- Im EL-DE-Haus, der Zentrale der Gestapo in Köln, mussten die Häftlinge in den Kellerräumen ihre eigenen Folterkammern bauen.
- Hinrichtung von Edelweißpiraten am 10. November 1944 in Köln
- 16. Juni 2005: offizielle Anerkennung der Ehrenfelder Edelweißpiraten als Widerstandskämpfer durch den Kölner Regierungspräsident
- bekannteste Ehrenfelder Edelweißpiraten sind Fritz Theilen, Hans Steinbrink (Bombenhans), Bartholomäus Schink, Jean Jülich

15 Die Edelweißpiraten leisteten passiven und gewaltfreien Widerstand beispielsweise dadurch, dass sie den Hitlergruß verweigerten, freiheitliche Lieder sangen und HJ-Veranstaltungen fernblieben. Aktiven Widerstand, teilweise auch mit Gewalt, betrieben sie durch das Verteilen von Flugblättern, Prügeleien mit der HJ, das Stehlen von Lebensmitteln und durch das Verüben von Anschlägen auf Nationalsozialisten in hohen Ämtern. Fazit: Die Beispiele zeigen deutlich, dass sie als Widerstandskämpfer anzusehen sind.

16 *Partnerarbeit*

Rezension zu „Wir tanzen nicht nach Führers Pfeife“

17 *Du solltest Informationen in folgenden Textpassagen markiert haben:*
- Z. 7 f., Z. 15–33, Z. 85–88, Z. 97–99 (Edelweißpiraten)
- Z. 39, Z. 48–59, Z. 61–67, Z. 90–96 (Hauptfiguren Bastian und Paul)
- Z. 7 (Handlungsort)

18 Widerstandsaktionen der Jugendgruppen (Autobiografie Fritz Theilen), Hinrichtung ohne Gerichtsverfahren von 13 Widerständlern, darunter sechs Jugendliche, im November 1944 zur Abschreckung

19 Behördenvertreter behaupteten lange, die Edelweißpiraten seien Unruhestifter und Kriminelle, keine Oppositionellen gewesen. Es hieß, bei den Jugendlichen – zumeist Arbeiterkinder – habe es sich um eine „Verbrecherbande“ gehandelt.

20 *Partnerarbeit*

B Während des Lesens: Charaktere erarbeiten, Themen erfassen

1 *Beispiel-Steckbrief Bastian*
Vorname: Sebastian
Nachname: Frei
Spitzname: Bastian
Beruf: Schlosser-Lehrling
Alter: ca. 17 Jahre alt
Adresse/Wohnsituation: wohnt zusammen mit seiner Mutter, seiner Schwester und der Oma in der Landmannstraße in Köln-Ehrenfeld
Religionszugehörigkeit: nicht genannt
Aussehen: kräftig, einen Kopf kleiner als Paul; braune, dichte Haare
Familien- bzw. Lebenssituation: sein Vater ist im KZ Eschwege, er vermisst ihn; später erhält er die Nachricht, dass sein Vater tot ist; er wohnt bei seiner Mutter, verbringt aber viel Zeit mit den anderen Edelweißpiraten, was seiner Mutter Sorgen macht
Freundschaften: die anderen Edelweißpiraten Franzi, Billi, Zack, Ralle, Fatz, Paul, Hotte; Jupp Jablonski, Alfons
Charaktereigenschaften und typische Verhaltensweisen: anfangs misstrauisch gegenüber Paul; für seine Schwester ist er ein Vaterersatz und er ist stolz darauf; will seine Familie und seine Freunde beschützen; ist gegen den Einsatz von Waffengewalt („Wir sind doch keine Mörder!", S. 105); kann das Getue von Otto nicht leiden; lässt sich auch von Zwang und Folter nicht verbiegen, steht fest zu seinen Überzeugungen (meldet sich z. B. nicht freiwillig zur Waffen-SS); als er die Nachricht vom Tod seines Vaters erhält, verprügelt er den Lagerführer
Was andere über ihn sagen: „Und Bastian hasst die HJ wirklich" (S. 27), „Der ist genau so'n Dickschädel [wie sein Vater]" (S. 37), „Die Gestapo hält dich für einen, der mehr weiß, als er zugibt. Einen Drahtzieher und Rädelsführer." (S. 89)
Stärken und Talente: kennt sich in Ehrenfeld bestens aus; macht seine Arbeit gut, hat Talent, liebt das exakte Arbeiten; behält einen kühlen Kopf, ist intelligent
Schwächen und Probleme: war in Franzi verliebt und ist deshalb anfangs eifersüchtig auf Paul
Aktionen im Widerstand: Stehlen von Lebensmitteln aus Güterwaggons; „Botschaft" für Ziegen auf einem Güterzug; Flugblattaktion am Hauptbahnhof; Sabotage an Lkws gemeinsam mit Jupp Jablonski; Stehlen der Lebensmittelmarken im Bezirksamt
Strafmaßnahmen gegen ihn: Verhaftung, Verhör und Folter im EL-DE-Haus nach der Aktion am Bahnhof; vier Wochen Wehrertüchtigungslager; Osteinsatz; soll hingerichtet werden, kann aber fliehen; wird erneut verhaftet und ins KZ Dachau gebracht, kann mit Alfons fliehen

2 *Textarbeit*

C Nach dem Lesen einzelner Abschnitte: Inhalte wiederholen

Aufgaben zu Teil eins: Der brennende Himmel

1

Name	Funktion
Herr Schründer	SS-Standartenführer vom Reichssicherheitshauptamt Berlin
Herr Klawes	SS-Hauptsturmführer und Dienststellenleiter der Gestapo-Hauptstelle
Dr. Blömer	Oberstaatsanwalt
Eugen Ziegen	Oberkommissar, Vorgesetzter von Klapproth
Ernst Klapproth	Kriminalassistent
Frau Jürgens	Sekretärin aus der Schreibbereitschaft, die das Protokoll schreibt

2 Die Konferenz dauert lediglich 15 Minuten, von 22.30 Uhr bis 22.45 Uhr.

3 Im Büro hängt ein Bild des Führers an der Wand. Der Staatsanwalt als Vertreter der Justiz hat offenbar eher beratende Funktion und wird nicht richtig ernst genommen. Das Sagen haben eindeutig die SS-Männer: den Vorsitz hat der SS-Standartenführer, Befehle zur Ausführung erteilt der SS-Hauptsturmführer.

4

„Sie treffen sich spontan an den Bunkern und in den Grünanlagen. Sie kennen sich aus der Nachbarschaft, den Schulen, den Betrieben. Nur Indianer. Keine Häuptlinge. Sie sind zwischen vierzehn und achtzehn. Lange Haare …“ (S. 9)	**Klawes**
„Unsere Maßnahmen bestanden bis jetzt aus Verhaftung, Verhör, kurzfristiger Internierung. Das sind lediglich disziplinarische Maßnahmen, Warnschüsse. Wir kommen ihnen damit nicht bei.“ (S. 8)	**Klawes**
„Wer weiß, was sich daraus entwickelt. Dieser Schlange müssen wir beizeiten den Kopf abschlagen.“ (S. 9)	**Schründer**
„[Mein Bericht] beruht auf meinen Erfahrungen mit wilden Jugendcliquen, einer Zeiterscheinung, die ein brennendes Problem darstellt.“ (S. 8)	**Dr. Blömer**
„Diese Edelweißpiraten sind Romantiker, allesamt. Wanderungen in das Umland, Geländespiele. […] Aufrührerische Lieder. Kleinkriminalität. Die Verachtung der HJ. Sie mögen das Militärische nicht. Allesamt Proletarier.“ (S. 9)	**Dr. Blömer**
„Es gibt keinen Kopf. […] Sie erkennen sich untereinander am Abzeichen, dem Edelweiß.“ (S. 9)	**Klawes**
„Die Gruppierung, um die es insbesondere geht, […] ist kriminell und staatszersetzend. Im westlichen Ruhrgebiet und am Rhein hatten wir bis jetzt mehr als fünfhundert Verhaftungen. Der Erfolg ist gleich null. Zwei Rädelsführer konnten dem Sondergericht zugeführt werden. Am Aufwand gemessen, ist das zu wenig.“ (S. 8)	**Klawes**

5 Die Jugendgruppe der Edelweißpiraten wird als Bedrohung für den Staat eingestuft und soll zerschlagen werden.

Zitate: „Wir müssen sie zerschlagen. Von den Bunkern vertreiben. Ihre Ausflüge unmöglich machen. Wir werden sie schnappen. Jeden Einzelnen. Verhören und zum Reden bringen. […] Wir werden Druck ausüben. Auch auf die Familien. […]“ (S. 9 f.)

„Nehmen Sie diese Elemente an die Kandare. Und wenn es sein muss, machen Sie kurzen Prozess.“ (S. 10)

6 **Bisherige Maßnahmen:**

1. Verhaftungen (500)
2. Rädelsführer dem Sondergericht zugeführt (2)
3. Verhöre
4. kurzfristige Internierungen (= Inhaftierung und Isolierung)

Geplante zukünftige Maßnahmen:

1. Jugendliche von den Bunkern vertreiben
2. Ausflüge unmöglich machen
3. jedes einzelne Mitglied schnappen, verhören und zum Reden bringen
4. in ihrer Freizeit ein paar Tage einsperren (Brauweiler oder Jugendarrest)
5. einen ordentlichen Kurzhaarschnitt verpassen
6. aussichtslose Fälle ins Wehrertüchtigungslager stecken
7. Druck ausüben (auch auf die Familien)
8. HJ-Streifen mit jungen SS-Angehörigen verstärken
9. die Zusammenarbeit mit Polizei und Sicherheitsdienst verstärken

7 1943

8 Das Haus und der Hof wurden von den Nazis beschlagnahmt und gehören nicht mehr seiner Familie. Da Paul nicht will, dass die persönlichen Dinge der Familie den neuen Besitzern des Hofes in die Hände fallen, verbrennt er die Sachen.

9 **B** Sein Vater und er sind als Juden Insassen bzw. Gefangene im Sammellager Köln-Müngersdorf. Er bekommt den Auftrag, die Tiere auf dem elterlichen Hof, der von den Nazis beschlagnahmt wurde, zu versorgen. Anschließend soll er ins Lager zurückkehren. Der Reiseschein bestätigt, dass er die Erlaubnis hat, sich drei Tage lang vom Sammellager zu entfernen.

10 a) Paul hat nicht die Absicht, ins Sammellager zurückzukehren. Er weiß oder ahnt, dass die eingesperrten Juden nicht überleben werden bzw. in ein KZ deportiert werden sollen. Er beschließt zu fliehen. Da sein Vater das Lager nicht mehr verlassen kann, wird er ihn nicht wiedersehen.

b) Er packt Socken, Unterhosen, ein Hemd, eine Hose, Zigaretten, ein Geldbündel, eine alte Militärpistole, ein Reservemagazin, ein paar Schachteln Munition und die Handpuppe Herr Wutz ein.

11 *Herr Wutz wird auf S. 15 f. beschrieben: Die Handpuppe hat den Kopf eines Bären, im linken Ohr trägt er einen Ring und um den Hals ein rotes Tuch, die Ärmel der Stoffhülle sind gelb.*

12 Sei vorsichtig! – Bleibe unauffällig! – Lass dich nicht erwischen! (vgl. S. 17)

13 *Die Informationen findest du auf S. 17 ff.:*

1	Eikamp (elterlicher Hof)
2	Bergisch Gladbach
3	Mülheim
4	Köln-Deutz
5	Hindenburgbrücke
6	Melatenfriedhof
7	Ford-Werke (Bastians Arbeitsort)

14

1 Köln-Müngersdorf	Sammellager für Juden, in dem Paul und sein Vater inhaftiert waren und aus dem Paul abhauen konnte
2 Takuplatz	Treffpunkt der Edelweißpiraten um Bastian, Franzi und Hotte
3 Ehrenfelder Bahnhof	die Edelweißpiraten knacken hier Güterwaggons und stehlen Lebensmittel; Ort der Hinrichtung der Edelweißpiraten
4 Melatenfriedhof	hier befindet sich Zacks Grab
5 EL-DE-Haus	zentrale Dienststelle der Kölner Gestapo; Bastian und Hotte werden in den Zellen im Keller eingesperrt, verhört und misshandelt
6 Brauweiler	Arbeitslager und Gefängnis der Gestapo außerhalb Kölns

15 Der Roman ist in der Vergangenheitsform, sprich im Präteritum geschrieben. Erzählt wird aus der personalen Erzählperspektive, die nah bei den Hauptfiguren ist, wobei diese zwischen Paul und später Bastian abwechselt.

16 In Kriegszeiten waren Zigaretten ein beliebtes Zahlungsmittel, zumal Geld oftmals nichts mehr wert war.

17 Abgebildet ist ein Teil einer Lebensmittelkarte mit Lebensmittelmarken, in diesem Fall für Fett. Mit dem zunehmenden Mangel während des Krieges waren Lebensmittel nicht mehr frei erhältlich, sondern wurden rationiert und zugeteilt. Nur mit den Marken konnte man diese Lebensmittel dann kaufen. Da Paul auf der Flucht ist und keine Papiere hat, kann er auch keine Lebensmittelmarken beantragen.

18
- evangelisch getaufter Halbjude – **Paul**
- ist Rangierer bei der Deutschen Reichsbahn – **Hotte**
- blaue Augen – **Franzi**
- war mal mit Franzi zusammen – **Bastian**
- schlanker Hals – **Franzi**
- ist Schlosser-Lehrling bei den Ford-Werken – **Bastian**
- groß und schlank – **Franzi**
- hasst die HJ, wurde unehrenhaft ausgeschlossen – **Bastian**
- 17 Jahre alt – **Paul**
- Vater sitzt im KZ Eschwege – **Bastian**

- arbeitet in der Gärtnerei der Tante – **Franzi**
- muss bei der Werks-HJ Dienst machen – **Bastian**
- trägt Manchesterhose – **Bastian**
- ist Franzis älterer Bruder – **Hotte**
- Mutter ist tot – **Paul**
- ca. 17 Jahre alt – **Franzi**
- trägt Lederhose und kariertes Hemd, derbe Schnürstiefel mit hellen Socken – **Bastian**
- wohnt bei seiner/ihrer Mutter in Köln-Ehrenfeld, Landmannstraße – **Bastian**
- Vater ist bzw. war Brennstoffhändler in Bergisch-Gladbach und wurde deportiert – **Paul**
- fröhlich, Lachgrübchen – **Franzi**
- kräftig, mindestens einen Kopf kleiner als Paul – **Bastian**

19 „Wir stellen seit einiger Zeit Züge zusammen. Auf den Auftragszetteln steht: Massenbeförderung in Sonderreisewagen. [...] Manchmal sieht man winkende Hände aus den Waggons. Was denkst du, was das bedeutet?“ (S. 28)

20 Bastians Familie bewohnt gemeinsam mit der Oma eine Wohnung in einem Mehrfamilienhaus. Die Wohnung ist sehr ordentlich. Bastians Mutter heißt Johanna Frei und ist Hausfrau. Gemeinsam mit der Oma näht sie Uniformschiffchen. Bastians Vater, Josef Frei, ist Schlossermeister. Er hat sich in der Gewerkschaft engagiert, weshalb er von den Nationalsozialisten verhaftet und in ein Arbeitslager im Emsland gebracht wurde. Bastian hat eine jüngere Schwester, sie heißt Elli. Bastian sieht seinem Vater ähnlich.

21
- Bastian: „Wir sind eher so eine Art zwangloser Haufen, ohne Befehle und Rottenführer. Wir singen und wandern und lassen uns das nicht verbieten.“ (S. 26)
- Sie lehnen Drill, Befehle, die HJ und die NS-Hierarchie ab.
- Sie wollen selbst entscheiden, wie sie ihre Zeit verbringen.
- Sie wollen Spaß haben.
- Sie verachten die NS-Ideologie.
- Sie ärgern die Nazis und engagieren sich gegen Unrecht: „Da müssen wir was tun!“ (S. 28)

22 Bastian, Franzi, Hotte, Zack,
Ralle, Fatz, Freddie, Billi

23 Bastian bringt Paul in die Gartenlaube der Schrebergartenkolonie zu Opa Tesch.

24

Opa Tesch ...	✓	✗
ist seit einem Monat Witwer.	✓	
hat kein Dach mehr über dem Kopf, vermutlich wurde er ausgebombt.	✓	
hat bei einem Bombenanschlag ein Bein verloren.		✗
trägt eine pechschwarze Joppe.	✓	
ist dunkelhäutig.		✗
hat langes wirres Haar.	✓	
raucht.	✓	
geht an einem Handstock.	✓	

25 Sie warten deshalb auf den Fliegeralarm, weil der Wachposten dann in seinen Unterstand verschwindet. Wenn die Flak zu schießen beginnt, können sie zu den Bahnwaggons kriechen, sie aufbrechen und die Lebensmittel klauen. Was sie nicht tragen können, wollen sie verstecken. Einen Teil der Lebensmittel wollen sie an die polnischen Kriegsgefangenen bzw. Zwangsarbeiter verteilen, was illegal ist, einen Teil wollen sie für sich behalten.

26 Oberkommissar Ziegen und sein Kollege Klapproth dringen in Familie Freis Wohnung ein und nehmen Bastian mit. Die Gestapo hatte offenbar von der Aktion am Bahnhof gewusst. Bastian ist verdächtig.

27 Sie wollen Bastian einschüchtern und ihm zeigen, dass sie über Leben und Tod entscheiden können. Er soll mürbe und gefügig gemacht werden, damit er im späteren Verhör bereit ist, alles zuzugeben und andere zu verraten.

28 Der „Kellermeister“ Föls ist offenbar bekannt und berüchtigt: als mitleidloser Schläger, der Spaß daran hat, andere zu quälen, als ein Sadist. Bei den Edelweißpiraten machen die schlimmsten Geschichten über ihn die Runde. Er ist klein, gedrungen, bekleidet mit einem kurzärmeligen Hemd und Stiefelhosen. In der Hand hält er eine Hundepeitsche. Er hat eine dicke

Nase, grobporige Haut und ratzekurze Haare. (vgl. S. 65 f.)

29 *Mögliche Begriffe sind:* Gestank, Dunkelheit, Gedränge, Steinboden, Eisengitter, Stöhnen, Edelweißpiraten, Gesang, Metalltür, Unsicherheit, Hunger, Folter, Hoffnung, Angst ...

30 Bastian wird brutal geschlagen, verhört, schikaniert und eingeschüchtert. Er begegnet zu seiner Erleichterung Hotte, aber auch anderen inhaftierten Edelweißpiraten. Bastian soll andere Nazi-Gegner verraten, Ziegen legt ihm dazu Fotos von Ausflügen der Edelweißpiraten vor. Kommissar Ziegen macht ihm zynisch klar, dass auch seine Familie bedroht ist, wenn er nicht kooperiert und die Zusammenarbeit verweigert. Bastian schweigt trotzdem.

31
1. Wen erkennst du auf den Fotos?
2. Wer ist an den Überfällen auf die Lebensmitteltransporte beteiligt?
3. Wer ist für die Schlägereien mit der HJ verantwortlich?
4. Wer beschmiert unsere Hauswände mit zersetzenden Parolen?
5. Wer verteilt Flugblätter?
6. Wer stellt sie [die Flugblätter] her?
7. Wer ist euer Anführer? (vgl. S. 73)

32 a) „Unsere Sache sind die Überfälle auf die Reichsbahn, die Plünderungen während der Bombenangriffe und die Sabotage in den Betrieben." (S. 75)

b) In der Zelle überlegt Bastian, dass es einen Verräter geben muss, der die Gestapo über ihren Plan informiert hat. Er fragt sich, ob es vielleicht Paul gewesen sein könnte.

c) Die Gestapo hat keine echten Beweise gegen sie. Ziegen will sie aber weiterhin überwachen und darauf warten, dass die Jugendlichen einen Fehler machen.

33

Frericks ist ...	**richtig**	**falsch**
Werkschutzmann bei Ford.	☒	☐
die rechte Hand des Betriebsobmanns Mahlmann.	☒	☐
Mahlmanns Mann fürs Grobe.	☒	☐
bereit zu bedingungsloser Opferbereitschaft, Treue und Kameradschaft im Sinne der Nationalsozialisten.	☒	☐
Bastians Vorgesetzter.	☐	☒
SS-Oberscharführer.	☒	☐
die Aufsichtsperson über HJ und Werksfeuerwehr.	☒	☐
Bastians Ausbilder.	☐	☒
die Aufsichtsperson über Werkschutz und den Spielmannszug der Deutschen Arbeiterfront.	☒	☐
überzeugter Nationalsozialist.	☒	☐

34 a) Mahlmann

b)
- Er war Bastians Meister und Ausbilder gewesen.
- Er ist hart, aber gerecht.
- Er ist ein Fachmann, ein Handwerker, ein Könner.
- Bastian lernte gerne bei ihm.
- Bastian verdankt ihm seine Lehrstelle, die er zunächst trotz bestandener Aufnahmeprüfung nicht bekommen hatte. Mahlmann hatte sich für ihn eingesetzt, weil er Bastians Vater von früher kannte. (vgl. S. 87 f.)

35 Von der Gestapo droht ihm Gefängnis, das Wehrertüchtigungslager und das Jugendschutzlager, d. h. die Einweisung ins Konzentrationslager. Vonseiten des Betriebs droht ihm als Strafarbeit der sogenannte Osteinsatz. (vgl. S. 89)

36 *Partnerarbeit (Lest dazu die Informationen auf S. 90 nach.)*

37

Jupp ist freundlich zu Bastian.	Jupp kann nicht besonders gut rechnen.
Jupp ist ein begnadeter Dreher.	~~Jupp ist ein Spitzel Mahlmanns.~~
~~Jupp wird von Mahlmann unter Druck gesetzt.~~	~~Jupp sieht Bastian als Konkurrenten an.~~
Von Jupp kann Bastian eine Menge lernen.	Jupp arbeitet präzise und konzentriert.
Jupp ist ein bisschen älter als Bastian.	Jupps Schweißnähte sind Kunstwerke.
Jupp ist für die Aufhängungen zuständig.	~~Jupp hofft, dass Bastian viele Fehler macht.~~

38 „Das Maultier ist ein geländegängiger Lkw, der statt der doppelten Hinterachse Laufwerke montiert hat, auf denen Panzerketten laufen. Dreirollen-Kettenlaufwerke.“

39 a) Seine Mutter

b) Mahlmann hat Bastian für seine Arbeit gelobt und ihm angeboten, die Gesellenprüfung vorzeitig abzulegen.

c) Bastian hat nicht vor, sich von den Edelweißpiraten abzuwenden, obwohl für ihn viel auf dem Spiel steht. Er geht zum Treffpunkt, den Hotte seiner Mutter genannt hat.

40 Die Nazis sind in der Nacht massiv gegen die Edelweißpiraten vorgegangen und haben ganze Gruppen hochgenommen. 23 Edelweißpiraten wurden verhaftet und nach Brauweiler gebracht. Es wurde auch geschossen. (vgl. S. 99)

41 Ich bin einfach gerne mit den anderen zusammen, wir stehen füreinander ein. Wir sind gerne gemeinsam unterwegs und auf unseren Fahrten und Wanderungen können wir uns frei und ungezwungen fühlen. Wenn wir in der HJ wären, könnten wir nicht selbst entscheiden, wie wir unsere Freizeit gestalten, welche Musik wir hören und mit wem wir befreundet sind. Wir möchten doch nur etwas Spaß haben und nicht gehorchen müssen. Die Einstellungen der Nazis können wir einfach nicht teilen. Ich kann mir gar nicht vorstellen, wie man Adolf Hitler und seine Verbrecher als Vorbilder ansehen kann! Das menschenverachtende Unrecht der Nazis ist doch nicht so schwer zu durchschauen! Zum Glück findet man bei den Edelweißpiraten Gleichgesinnte. Wir wehren uns gemeinsam gegen das NS-System. Auch wenn unsere Widerstandsaktionen im Großen nicht viel verändern oder verhindern, helfen sie doch im Kleinen einigen und sind ein klares Zeichen sowie ein Schritt gegen die Hilflosigkeit.

42 Es herrscht Trauer und Wut. Die Gruppe ist schockiert und diskutiert über Rache, Gewaltanwendung mit Waffen, Schuld und Notwehr. Bastian rächt Zacks Tod mit einer „Botschaft“ für Ziegen auf einem Güterzug. Er lehnt im Gegensatz zu Ralle den Einsatz von Waffen ab.

43 Sie erkennen Karlu Meisner, der sich als Anführer aufspielt. Die anderen sind Jungs aus der Nachbarschaft. (vgl. S. 111 ff.)

44 *Mögliche Antworten:*
- Angst vor der stickigen Enge
- Angst davor, dass man den Bunker eventuell nicht mehr verlassen können wird
- Angst davor, zu ersticken
- Angst davor, dass nach dem Bombardement die Wohnung, das Haus oder die ganze Straße nicht mehr existiert
- Angst davor, alles zu verlieren (vgl. S. 113)

45 Juden und Fremdarbeiter hatten keinen Zutritt. Außerdem durfte man keine Haustiere mit in den Bunker nehmen.

46 *Schülerlösung*

47 Er sieht überall schwarz verbrannte Leichen, auch die eines Kindes in Ellis Alter. Er hat Angst, Elli so vorzufinden.

48 Paul rennt noch während des Luftangriffs zu Bastians Haus und befreit unter Einsatz seines eigenen Lebens Bastians Mutter, seine Schwester, Oma und die Nachbarn aus dem Keller, wo sie verschüttet und eingeschlossen waren und zu ersticken drohten. Er erzählt Elli die Hoffnungsgeschichte, die ihm sein Vater erzählt hat. Bastian und Paul treffen sich nach dem Bombenangriff. Frau Frei berichtet Bastian von der Rettung durch Paul. Er schämt sich, weil er ihm gegenüber so misstrauisch war.

49 Billi schaltet schnell und nimmt den Ausweis an sich, weil sie denkt, dass dies die Gelegenheit ist, an „legale" Papiere für Paul zu kommen. Der Verstorbene heißt Peter König. Sein Ausweis kann, mit einem neuen Passbild von Paul versehen, zu dessen Papieren werden, sprich Paul kann Peter Königs Identität annehmen. Damit könnte er Deutschland vielleicht sogar verlassen und sich in Sicherheit bringen.

50 Sie wenden sich an den ehemaligen KZ-Häftling Otto, der im Untergrund lebt. Als Gegenleistung für die „Bearbeitung" des Ausweises soll die Gruppe beim Verteilen von Flugblättern helfen.

Aufgaben zu Teil zwei: Der Tod beugt sich über mich

1 Es war den Nationalsozialisten wichtig, dass alle Kinder und Jugendlichen möglichst frühzeitig ideologisch beeinflusst und für den Nationalsozialismus vereinnahmt werden konnten. Die Mitgliedschaft in der Hitlerjugend war verpflichtend, aber auch die allgegenwärtige Propaganda übte auf viele Jugendliche eine große Faszination aus, weshalb sie gerne eintraten. Viele wollten auch einfach dazugehören und bei den verschiedenen Freizeitaktivitäten Teil der Gemeinschaft sein.
Für viele Jungen war die Mitgliedschaft durch die militärische Ausrichtung mit ihren Uniformen, Schießübungen und Kriegsspielen interessant. Auch dass man als „Jungführer" schnell Verantwortung übernehmen konnte, übte einen gewissen Reiz aus.
Unter www.museenkoeln.de/ns-dokumentations zentrum/pages/386.aspx?s=386 findest du viele Informationen zum Thema Hitlerjugend.

2 Karlu kommt eigentlich zu seinem Opa in den Schrebergarten, weil er Lebensmittel abholen will. Dabei versucht er, seinen Opa über Paul auszufragen, weil er weiß, dass dieser irgendwie mit Bastian zu tun hat.

3

+	• Er sieht blendend aus. • Er kann küssen wie kein Zweiter. • Franzi hat mit ihm geschlafen, scheint also auch etwas für ihn zu empfinden. • Er steht mitten im Leben.
–	• Er ist ein ahnungsloser Bursche vom Land. • Er ist „ein Judenbengel". • Er ist ein Kohlenträger ohne anderen Beruf. • Er hat in Nazi-Deutschland eigentlich keine Zukunft. • Er besitzt nichts.
Zweifel	• Er ist nicht der erste (und vielleicht auch nicht der letzte) Junge in ihrem Leben. • Er weiß nicht, ob sich Franzi mit ihm begnügen wird. • Seine Liebe zu Franzi macht ihn verletzlich. • Er hat Angst vor dem möglichen Verlust.

4 Sie gehen ins Café und ins Kino. Sie „üben" sozusagen das normale Leben. Paul erscheint es absurd, dass er sich in einer lebensgefährlichen Situation befindet und Krieg ist, dass aber trotzdem das Leben weitergeht.

5 Paul kann beobachten, dass Karlu ein Gestapo-Spitzel ist. Er erzählt Opa Tesch nichts davon, um ihm nicht noch mehr Kummer zu machen. Es reicht schon die HJ-Uniform des Enkels, um diesen in Rage zu bringen.

6 Paul spielt damit auf den Widerspruch an, dass Klapproth einerseits – in seiner Funktion als SS-Mann – grausam und gewalttätig gegenüber anderen Menschen ist, sich aber andererseits als fürsorglicher Familienvater gibt. Er denkt deshalb, dass Letzteres nur gespielt sein kann.

7 In der Kriegs- und Nachkriegszeit konnte man in den Geschäften nahezu nichts mehr einkaufen. Eine Möglichkeit, dennoch an Waren zu kommen, war der Schwarzmarkt. Hier bot man an, was man gerade hatte, und versuchte, es gegen etwas anderes, das man benötigte, einzutauschen. Der Schwarzmarkt war offiziell verboten und den Händlern drohten harte Strafen. Dennoch wurde der Schwarzmarkt für die meisten Menschen unentbehrlich, ohne ihn hätten viele nicht überlebt. Hatte man beispielsweise Zigaretten, die wichtigste Währung auf dem Schwarzmarkt, konnte man fast alles kaufen.

8 Bastian mag Ottos Getue nicht, bei dem Kreidezeichen, Hinweise auf Mauerresten und Pfeifsignale eine große Rolle spielen. Er findet, dass Otto sich zu wichtig nimmt, und es stört ihn, dass er sich für den Kopf und das Herz des Widerstands hält. (vgl. S. 150 f.)

9 Man nannte sie umgangssprachlich Christbäume.

10
- [x] Otto hat ein Raubvogelgesicht und dunkle Augen.
- [x] Er trägt einen langen schwarzen Mantel mit hochgestelltem Kragen.
- [x] Otto macht immer wieder deutlich, dass er der Chef und Herr der Lage ist.
- [ ] ~~Das Foto auf dem Ausweis ist zum Entsetzen aller nicht das von Paul.~~
- [x] Das Foto auf dem Ausweis ist genauso abgeschabt und speckig wie der Ausweis selbst.
- [x] Otto hat gute Arbeit abgeliefert.
- [ ] ~~Otto hat sich nicht an die ursprüngliche Vereinbarung gehalten.~~
- [x] Bastian und Paul finden Otto unheimlich.

11

Paul soll sich ein …	Arbeitsbuch besorgen.
Er muss sich …	anmelden und sich Lebensmittelmarken besorgen.
Die Tante …	duldet keine Liebeleien in der Gärtnerei.
Paul soll sich mit …	Lagusch gutstellen.
Die Tante hofft, …	dass Paul ordentlich zupacken kann.
Die Tante schreibt vor, …	dass Pauls Besuch sich zuerst bei ihr meldet.

12 Diese Art von Arbeit ist Paul vertraut und er denkt an sein Pferd, das er in Eikamp zurückgelassen hat. Damit kommt auch die Erinnerung an seinen Vater hoch, dessen Hand er auf seiner Schulter zu spüren glaubt. Er merkt, wie sehr er ihn vermisst. (vgl. S. 162)

13 links eine windschiefe Tür, rechts eine Pferdebox; Dachsparren, auf die Paul Zeltplanen nagelt, um die Holzsparren bzw. das Dach abzudichten; Bett mit Matratze und Federbett, Tisch, zwei Stühle, Wandhaken für Kleidung, Holzbretter auf dem Fußboden, darauf ein Flickenteppich; von der Decke hängt eine Glühbirne; Regalbretter, auf einem davon steht ein Volksempfänger (Radio), eine Adler-Schreibmaschine und einige Bände Karl-May; neben der Kammer Strohballen; vom Bett aus kann er in die Pferdebox sehen, durch das Tor sieht er auf den Innenhof, über ihm ist eine Dachluke, die zum Heuboden führt, zwischen den Latten des Stalls gibt es einen geheimen Eingang (vgl. S. 160 ff.)

14 Sie meint damit, dass es sich um ein Radio handelt, mit dem man (verbotenerweise) auch Feindsender empfangen kann.

15 *siehe Seite 165*

16

Behörde/Anlaufstelle	Papiere/Dokumente/Nachweise
Bezirksamt Ehrenfeld	legt Ausweis, Arbeitsvertrag (= Bestätigung über kriegswichtige Arbeit/Arbeit in einem kriegswichtigen Betrieb) und das Schreiben von Frau Rose vor; bekommt Kennkarte
Wehramt	Wehrstammblatt; Überprüfung Verwendungsfähigkeit
Ernährungsamt	legt Bestätigung der Meldebehörde vor; bekommt Bombenpass und Kleinschadenausweis, Reichskleiderkarte und Lebensmittelmarken; Arbeitsbuch wird ausgestellt; (er hat Anspruch auf Reiselebensmittelmarken, zu erhalten im Amt Bickendorf)
Arbeitsamt	legt Entlassungsschreiben aus dem Krankenhaus (Billi) und Arbeitsvertrag vor

17 *Partnerarbeit*

18 [X] Franzi sorgt sich um Opa Tesch, da dieser ein Parteiabzeichen der KPD im Geldbeutel hat und sich dadurch in Gefahr bringen könnte. Sie denkt, dass er im Garten sicherer ist.

19

Er ist laut Franzi eine ehrliche Haut.	W	Er ist ein bekennender Nazi.	L
Er hat Kriegsverletzungen davongetragen und hat jetzt ein Glasauge und ein Holzbein.	W	Er findet, dass Werners Äußerungen wehrkraftzersetzend sind.	L
Vor ihm muss man auf der Hut sein und mit der Meinung über den Krieg hinterm Berg halten.	L	Er findet, dass Werner schlechte Manieren und einen schlechten Einfluss auf die deutsche Jugend hat und verbittert ist.	L
Er ist Tante Rose gegenüber loyal, obwohl diese die Nationalsozialisten nicht unterstützt.	L	Er ist optimistisch und glaubt daran, dass Deutschland den Krieg gewinnen wird.	L
Er hat viele Menschen sterben sehen.	W	Er hat ein loses Mundwerk.	W
Er feindet Lagusch ganz offen an.	W	Er ist der Vorarbeiter.	L
Er ist für das Bindegrün zuständig.	W	Er ist ein Einzelgänger.	W
Er wohnt/schläft in einem Verschlag im Kesselhaus.	W	Er hilft den Fremdarbeiterinnen dabei, über die Runden zu kommen.	W
Er weiß von den Geschäften auf dem Schwarzmarkt und ist auch daran beteiligt.	W	Er erkennt, dass Paul sich eher „fürs Grobe" und nicht fürs Kränzebinden eignet.	L
Er ist auf dem Schwarzmarkt tätig und verdient dort gutes Geld.	L	Er ist nicht stolz auf seine Zeit als Soldat und sagt, dass ihm der Führer den Buckel runterrutschen könne.	W
Er war vier Jahre lang Soldat.	W	Er benimmt sich wie ein Klugscheißer.	W

20 Sie lungern auf seinem Bett herum, füttern Hennes und reparieren das Fuhrwerk. Außerdem hören sie im Radio die BBC, was in Deutschland ja eigentlich verboten ist. Sie hören die internationalen Nachrichten für Deutschland, verbotene Jazz- und Swing-Musik und Gegenpropaganda. Sie erfahren, dass Deutschland den Krieg verlieren wird und auch dass die deutsche Propaganda lügt. Sie hören Aufrufe an das deutsche Volk, Hitler nicht mehr zu folgen.

21 a) *Zitat 1:* Franzi
Zitat 2: Paul

b) *Partnerarbeit*

22 a) Bastian sieht, dass Otto in seinem Kampf gegen die Nazis bereit ist, aufs Ganze zu gehen und sein Leben zu riskieren. Er denkt sich, dass Otto das auch von seinen Mitkämpfern verlangt und somit auch Ralles Leben in Gefahr ist.

b) *So könnte der Brief an Ralle lauten:*
Mensch Ralle,
wundere dich nicht, dass du heute einen Brief von mir bekommst. Aber wozu hat man denn eine Adler im Unterschlupf stehen, es müssen ja nicht immer nur Flugblätter darauf getippt werden ... Der Streit zwischen dir und Bastian geht mir nicht mehr aus dem Sinn. Eigentlich war es ja meine Angelegenheit mit dem neuen Pass, die dazu geführt hat, dass wir Ottos Dienste in Anspruch nehmen mussten. Deshalb möchte ich natürlich nicht, dass eure Freundschaft ins Wanken gerät, nur weil ihr beide bereit seid, mir zu helfen. Und ich als Außenstehender kann dir vielleicht auch sagen, dass Bastian genau wie du und ich diese Nazis drankriegen will, dass auch wir nicht tatenlos zuschauen wollen, wie dieses Geschwür unser Land, wie wir es kennen, immer mehr zerstört. Du weißt ja selbst, dass gerade ich auch meine ganz eigene Geschichte mit den Nazis habe. Und wir alle haben Zack verloren. Und trotzdem verstehe ich Bastian, wenn er Ottos Aktionen mit etwas Bauchgrimmen sieht, mir geht es ebenso. Otto zieht ein anderes Ding durch, ein extremes, ein Vorgehen auf Gedeih und Verderb. Da wird ohne Rücksicht auf Verluste vorgegangen, mit Waffengewalt, Auge um Auge – das ist nicht Bastians Weg und meiner auch nicht. Obwohl auch ich eine Waffe besitze, kommt es mir nicht in den Sinn, sie einzusetzen. Als Bastian meine Pistole gesehen hat, hat er auch sehr heftig reagiert. Wir verachten die Methoden der Nazis und wollen nicht handeln wie sie. Es muss also einen anderen Weg geben. Und Otto steht ja schon mit dem Rücken zur Wand, der hat nichts mehr zu verlieren, der geht aufs Ganze und ist zum Äußersten bereit. Pass also auf dich auf, lass dich nicht zu weit hineinziehen, und denk daran, dass wir alle doch noch auf ein Leben danach hoffen. Nimm Bastian seine Reaktion nicht krumm.
Dein Paul

23 a) „Mitgegangen, mitgefangen, mitgehangen.“

b) Wer bei einer Straftat auch nur dabei ist, muss damit rechnen, gefasst und bestraft zu werden; man muss bei einer Sache, an der man beteiligt ist, im Falle des Scheiterns auch die Konsequenzen tragen.

24 Die Flakhelfer liegen dann in ihren Stellungen (und sind anderweitig beschäftigt). Außerdem könnte der Eindruck entstehen, dass die Flugblätter aus britischen Maschinen abgeworfen worden sind (vgl. S. 195 f.). Es würde also nicht unbedingt jemand nach den Urhebern suchen.

25 *Das Gespräch könnte so lauten:*

Bastian: Mensch Franzi, schau doch nicht so. Ich kann mir schon denken, was du von der Sache am Hauptbahnhof hältst. Aber was bleibt uns denn anderes übrig? Das Kapitel mit den Flakhelfern ist wohl endgültig beendet und noch länger halte ich das auch nicht aus. Jeden Abend aufs Neue. Ich will diese Flugblätter endlich loswerden, will nicht mehr länger in Ottos Schuld stehen. Hotte hat recht, so ist es mit einer Aktion geschafft.

Franzi: Die Sache an sich ist natürlich richtig, die Flugblätter müssen weg, die Botschaft muss unters Volk und so erreichen wir wenigstens mal was, durch eine einzige gigantische Aktion. Und du kennst ja Hotte, wenn der sich was ausdenkt, dann hat es Hand und Fuß. Und trotzdem, trotzdem bleibt diese ständige Angst. Ihr glaubt ja gar nicht, wie groß meine Angst jedes Mal ist, wenn ihr loszieht. Seit Zacks Tod ist ja immer mit dem Äußersten zu rechnen ... *(fällt Bastian in die Arme)*

Bastian *(muss schwer schlucken, um die aufkommenden Tränen zu unterdrücken, redet ganz leise)*: Ich weiß jetzt, wie sich das anfühlt, Franzi. Nicht nur Angst, nicht nur die Angst, die einem Herzrasen verursacht, die einen lähmt oder einem Kräfte verleiht. Es gibt da noch eine andere Angst, eine, die einen in Stücke reißt, die einem die Brust aufschneidet.

Franzi *(schaut Bastian verstört an)*: Als dich der Flakhelfer erwischt hat?

Bastian: Ja, nie hätte ich mir das träumen lassen. Du weißt ja, dass ich an sich nicht von der ängstlichen Sorte bin, dass ich ein bisschen Angst schon abkann und mir nicht gleich ins Hemd mache. Aber in dem Moment, als ich diese scharfe Stimme hörte, als ich da mit erhobenen Händen stand, zum ersten Mal das Klicken hörte, der Lauf des Karabiners genau auf meine Stirn zeigte – da raste mein Puls, meine Hände waren schlagartig schweißnass. Als ich dann den Stahlhelm sah und das Gesicht darunter und aussprechen musste, dass ich Flugblätter habe fallen lassen ... Er wird mich packen, mitnehmen, abführen! Ich werde standrechtlich erschossen! – Das alles durchzuckte mich wie ein Blitz. Was man alles in einem einzigen Augenblick denken kann! Und dann erst hat mein Körper reagiert, ich habe gezittert wie Espenlaub. Und dann nochmal das metallische Klicken. Und seitdem weiß ich, wie sich Todesangst anfühlt.

Franzi *(erschrocken und mitfühlend)*: Bastian, mein lieber Bastian ...

Bastian: Angst ist anders. Angst hatte ich, als wir auf dem Bahndamm waren und Zack erschossen wurde. Und dann im EL-DE-Haus. Angst habe ich um meine Mutter, um Elli, um euch, Angst in den Bombennächten. Aber weißt du, das ist mir schon zu einer vertrauten Angst geworden, zu einer, mit der ich umgehen kann. Aber diese andere Angst geht mir einfach nicht mehr aus den Knochen, sie hockt wie eine schwere Last auf mir, verbeißt sich in mir. Sie frisst einen auf. Man verliert völlig die Kontrolle über den Körper, das Klicken geht mir nicht aus dem Kopf und auch nicht die Eiseskälte, die mir bis in die Seele zog.

Franzi weint und streichelt Bastian übers Gesicht.

26 *Partnerarbeit*

27 Ralle hat entdeckt, dass der erschossene Zack ein Grab hat. Sie wissen, dass dessen Mutter die Erlaubnis, ihn zu beerdigen, nur bekommen hat, weil sie dafür Billi bei der Gestapo verraten hatte. Seit zwei Wochen hat keiner mehr Billi gesehen. Hotte findet heraus, dass sie tatsächlich verhaftet worden ist. (vgl. S. 226 ff.)

28 Vermutlich sind es Freddie und Ralle, die Kerkermeister Föls halb totschlagen. Außerdem bemerkt Ziegen am gleichen Abend an seiner Haustür und an der Hauswand gegenüber die Aufschrift „Auge um Auge, Zahn um Zahn".

29 Bastian schlägt besinnungslos auf den Lagerführer ein. Er wird ebenfalls verprügelt, misshandelt und in den Keller geworfen, dort hat er Halluzinationen.

30 *Mögliche Gedanken:*

- Vater hat immer gesagt: Man muss nach vorne sehen, einen Fuß vor den anderen setzen.
- Wanderslust, die Lust, einfach nur zu gehen
- keine Schikane, nicht wegducken müssen
- heimatlos
- Heimweh nach dem Blauen See, nach den Felsen, wo der Wald anfing, nach den Höhlen ...
- Stimmengewirr, Lachen, die Lieder, Lagerfeuer
- da tanzte niemand nach Führers Pfeife
- Elli, Mama, Oma
- Vater: Zuversicht, Schutz, Trost
- Schrauberei an Vaters Zündapp
- Fußballspielen mit Vater
- Ohrfeige des Vaters, als ich das Wort „judenfrei" ausgesprochen hatte; ich hatte es bei den Pimpfen gehört und einfach nachgeplappert
- Zündapp im Straßengraben (vgl. S. 237 ff.)

31 Bastian beschreibt Elli, dass der böse Wolf der Feind ist, dessen Bauch es (wie im Märchen) mit Steinen zu füllen gilt. Seine Aktionen und die der Edelweißpiraten gegen die Nazis versteht er als kleine Steine, mit denen der Bauch des Wolfes nach und nach so lange gefüllt wird, bis der Wolf stirbt.

32 „Ich habe versucht, dir Brücken zu bauen. Wenn du nicht für uns bist, dann bist du gegen uns. Wenn dir ein Tritt nicht reicht, geht es nur mit der harten Tour. [...] Erst mal gehst du in den Osteinsatz. [...] Der Werkschutz hat ein Auge auf dich. [...] Die HJ [...] betrachtet dein Verhalten im Wehrertüchtigungslager als disziplinlos und deine Haltung als staatsfeindlich. [...] Beim geringsten Verstoß landest du im Jugendschutzlager. Und davor bewahre dich Gott.“ (S. 245 f.)

33 Bastian fragt ihn, ob er nicht gehört habe, was er mit dem Lagerführer in Vogelsang gemacht habe. Damit deutet er an, dass Ähnliches auch Frericks bevorstehen könnte. (vgl. S. 247)

34 a) „Das sind deine. [...] Morgen bekommst du andere. Gewöhne dich nicht an die da. Wir wechseln sie täglich. Nur Befehle, kein Rumgequatsche, keine Freundlichkeiten, keine Zigaretten, nichts zum Fressen. Die brauchen Härte, dann spuren sie.“ (S. 252)

b) Es wird deutlich gemacht, dass man die Ostarbeiter lediglich als Arbeitskräfte, nicht aber als Menschen ansah, höchstens als Menschen zweiter Klasse. Persönliche Kontakte sollten vermieden werden, um keine Mitleidshandlungen hervorzurufen. Das Verhalten ihnen gegenüber war oft menschenverachtend, erniedrigend, grausam, unmenschlich.

c) Auch in Tante Roses Gärtnerei arbeiten Fremdarbeiterinnen, die Werner mitversorgt und unterstützt. (vgl. S. 179)
Die Edelweißpiraten haben die Lebensmittel, die sie bei ihren Plünderungen erbeutet haben, zum Teil Zwangsarbeitern zukommen lassen. (vgl. S. 52 f.)

35 *Schülerlösung*

36 Jupp wirft jeden Morgen absichtlich Kisten mit Ersatzteilen, die eigentlich an die Front geschickt werden sollen, in den Rhein. Er möchte die Nazis ärgern und beweisen, dass nicht jeder Deutsche hinter ihnen steht. Er möchte sich nicht mitschuldig machen.

37 Die ganze Familie, bis auf die Haushälterin, **ist** tot. Eine Luftmine **traf** das Haus während einer Familienfeier. Sturmführer Alfons König, Peters Vater, **war** Kunstsachverständiger und ein hohes Tier in der NSDAP.
Die Familie **ist** viel **gereist**, nach Prag, Krakau, Warschau, Amsterdam, Brügge und Paris. Der Vater **beging** dort jeweils Kunstraub und **stahl** bzw. **beschlagnahmte** Kunstwerke für Hitler. Peter und seine Mutter **reisten** mit. Peter **wurde** von der Mutter **unterrichtet**. Frau Osmann **hat** ihn **großgezogen**. Peter **sollte** auf die Napola nach Bensberg **gehen**, wo die Elite für den Führer **erzogen wird**.

38 Kommissar Ziegen ist überzeugt, dass die Edelweißpiraten inzwischen auch aktiven Widerstand leisten, dass sie Überfälle auf die Reichsbahn verüben, Lebensmitteldiebstähle begehen, zersetzende Flugblätter herstellen und verteilen, illegale Waffen besitzen, Sabotage in Betrieben und kriegswichtigen Fabriken begehen, Juden verstecken, Deserteuren und flüchtigen Kriegsgefangenen helfen. Die Gestapo vermutet, dass sie Anschläge planen und dafür Gruppen bilden müssen. (vgl. S. 272 f.)

39 Pauls Schicksal liegt in den Händen von Frau Osmann, die bei der Gegenüberstellung bestätigen muss, dass er Peter König ist. Das tut sie, weil sie offenbar wirklich ein guter Mensch ist.

40 Sie fahren „aus dem Krieg hinaus“ aufs Land nach Pfronten. Pfronten ist eine Gemeinde bzw. ein Kurort im bayerisch-schwäbischen Landkreis Ostallgäu und liegt im Südwesten von Bayern, direkt an der Grenze zu Tirol (Österreich).

41 Genau wie Karlu **ist Paul ein Gestapospitzel und arbeitet als Informant für Ziegen**.

42 Bastian sagt das zu Paul, der quasi vom todgeweihten Juden zu einem Gestapospitzel „aufgestiegen“ ist, während er selbst unter ständiger Beobachtung steht und schon mehrmals misshandelt wurde.

43

Aktionen, Taten und Errungenschaften der Edelweißpiraten	Rückschläge, Verluste und Niederlagen
Plündern von Lebensmitteltransporten (z. B. um Zwangsarbeiter und die eigenen Familien zu unterstützen)	Zack wird erschossen
Appelle auf Hauswänden und Zügen	Bastian und Hotte werden verhaftet und im EL-DE-Haus verhört und misshandelt
Verteilung von (Ottos) Flugblättern	Hotte muss an die Front
Flugblattaktion am Kölner Hauptbahnhof	Bastian muss zum Osteinsatz bei Ford
Rettung und Unterbringung des jüdischen Flüchtlings Paul (neue Papiere, neue Identität)	Paul muss als Spitzel für die Gestapo arbeiten
Verweigerung des Eintritts in die HJ	Bastian muss ins Wehrertüchtigungslager
keine freiwillige Meldung für den Kriegseinsatz	Billi wird verhaftet und bleibt verschwunden
Wegwerfen von Kisten, die kriegswichtige Ersatzteile enthalten	Verfolgung und Überwachung durch die Gestapo
Angriff auf Föls	Nur eines von 20 Flugblättern landete nicht bei der Gestapo
…	…

44 Die Gruppenmitglieder wollen sich zukünftig jeden Samstagabend um halb acht am Gestapofeld, dem Leichenfeld der Gestapo, wo deren Opfer heimlich verscharrt werden, unter den Birken treffen. Wenn jemand nicht zum Treffpunkt kommen kann, werden für denjenigen Nachrichten im Sarglager auf Melaten hinterlassen.

45 Bastian sind die kleinen Aktionen, die nach Erledigung der Arbeit und der Alltagsgeschäfte bewältigt werden können, nicht mehr genug. Ihm schweben größere Aktionen vor. Er hofft dabei auf Jupp Jablonski – und dass dieser Pläne hat.

46 **Situation im Ford-Werk:**
Das Ford-Werk steckt offenbar wegen eines kriegswichtigen Auftrags in enormen Schwierigkeiten. Innerhalb von nur drei Tagen müssen an 120 generalüberholten Lkws der Wehrmacht noch Schweißarbeiten gemacht werden. Dazu braucht man dringend gute Schweißer, nämlich Jupp und Bastian.

Jupps Plan:
Jupp plant, kurz vor der Verladung der Lkws das extrem harte und feine Schleifmittel Siliziumcarbit in das Motorenöl zu kippen. Es bewirkt, dass der Motor zwar noch eine Weile läuft, dann aber überhitzt. Die Pleuelstangen fressen sich fest. Ergebnis ist dann ein Kolbenfresser. Die Lkws können zwar losfahren, werden aber nicht an der Front ankommen. Die ganze Arbeit und der lange Transport werden umsonst gewesen sein.

47 „Das hört sich vielleicht etwas hart an, Bastian, aber dann muss es jeder für sich versuchen. […] Wenn es schiefgeht, kümmerst du dich nicht um mich. Du denkst an dich und nur an dich.“ (S. 305)
„Das sind die Regeln, Bastian. Lauf, was das Zeug hält, und drehe dich nicht um. Kein Blick zurück. Der hilft dir nicht.“ (S. 306)

48 Wenn ich ein Tier wäre, dann müsste ich eine Katze sein, eine mit sieben Leben. Mensch Franzi, das kann doch gar nicht mehr wahr sein, dass es immer ich bin, der mehr Glück als Verstand hat! Am Freitagabend haben Jablonski und ich noch angestoßen auf unsere gelungene Aktion, alles hatte so gut geklappt, zu schön, um wahr zu sein. Wie durch eine verdammte Fügung des Schicksals habe ich am Samstagmorgen verschlafen, das ist mir schon seit Ewigkeiten nicht mehr passiert. Wie von der Tarantel gestochen habe ich mich auf dem Fahrrad abgestrampelt, um doch noch pünktlich zum Schichtbeginn im Werk zu sein. Und dann riss mir zu allem Überfluss noch diese verflixte Fahrradkette. Ich hätte vor Wut heulen können. Und wie ich mich gerade mit der Reparatur abmühte, da schossen drei schwarze Opel an mir vorbei, in Richtung Werk. Aus den Augenwinkeln sah ich schwarze Hüte, glaubte Klapproths Gesicht zu erkennen und dazu noch Männer mit Hüten, vielleicht Föls. Sie fuhren in vollem Tempo durch das offene Werkstor, zwei Opel jagten in Richtung Halle. Im ersten Moment dachte ich, dass es vielleicht Ärger mit den Zwangsarbeitern gegeben haben könnte, dann machten sich aber drei Worte in meinem Kopf breit: Sabotage, Jablonski, Frei. Mir war klar, dass ich sofort weg musste. Trotzdem bekam ich die Kette irgendwie noch aufs Rad und fuhr Richtung Werk, weil ich herausfinden wollte, was los war. Ich ging aber durchs andere Werkstor, ging so lässig wie möglich am Werkschutzmann vorbei, war schon erleichtert. Dann packte mich eine eisenharte Schlosserhand am Kragen, riss mich vom Tor weg und schob mich in die Wachbaracke. Und dann ging alles ganz schnell, ich wurde in einen dunklen Raum gestoßen, stemmte mich gegen die Arme des Mannes, wollte schreien. Eine Hand schlug mir ins Gesicht und brach mir die Nase, eine Faust boxte gegen meine Brust. Ich hatte keine Ahnung, was das sollte und rechnete mit dem Schlimmsten. Und dann verarztete mich der Typ, gab mir eine Zigarette und erzählte mir, dass unsere Sabotage aufgeflogen ist und dass ich gesucht werde. Er wusste, dass ich ein Edelweißpirat bin, hat mir erzählt, dass die Lkws wegen einer zerbombten Zugstecke schon in Werl abgeladen wurden und fahren mussten. Aber sie sind natürlich nicht weit gekommen, und es war schnell klar, wer dafür verantwortlich ist. Zum Glück ist der Wachmann auch kein großer Freund der Nazis und er hat mich wohl auch einfach für einen dummen Jungen gehalten, der nicht wusste, was er tat. Außerdem habe ich ihn wohl an seinen eigenen Sohn erinnert, der an der Front ist. Deshalb hat er mich laufen lassen. Auf meine Frage, was mit Jupp ist, hat er nur eine Geste gemacht, als würde er einen Abzug betätigen.

49 **Bastian:** Er ist wild entschlossen, jede Art von Widerstand zu leisten und wird dabei zunehmend verbissener und radikaler. Er möchte an großen, merklichen, zerstörerischen Widerstandsaktionen beteiligt sein. Er hat nichts mehr zu verlieren, es scheint, als würde er bis aufs Blut kämpfen wollen.

Paul und Franzi: Sie versuchen, so normal wie möglich zu leben. Sie möchten einfach nur zusammen sein, das ist für sie die Hauptsache. Für die beiden ist der Krieg schon zum Normalzustand geworden, sie wollen jeden Tag nutzen und nicht mehr in die Zukunft planen. Sie leben jeden Tag so, als ob er auch ihr letzter sein könnte.

50 a) Er braucht Einbrecher, Scharfschützen, Bombenleger und Brandstifter. (vgl. S. 325)

b) Er soll ein altes Auto wieder zum Laufen bringen.

51 Sankt Vith (historisch auch St. Vieth, franz.: Saint-Vith) ist eine Stadtgemeinde in Belgien im Osten der Provinz Lüttich und liegt im Süden der Deutschsprachigen Gemeinschaft (DG). Der Zweite Weltkrieg begann für St. Vith am 10. Mai 1940, als deutsche Truppen einmarschierten und die heutigen Ostkantone Belgiens vom Deutschen Reich annektiert wurden. Die ersten Kriegshandlungen in St. Vith fanden am 9. August 1944 statt, wobei die Kirche und der Bahnhof von Bomben zerstört wurden. Am 3. oder 4. September wurde die Stadt evakuiert und am 13. September rückten US-Truppen kampflos in Sankt Vith ein. Sie gaben die Verwaltung in belgische Hände.

52 Der Westwall entlang der Westgrenze des Deutschen Reiches (von den Westalliierten auch Siegfried-Linie genannt) war ein über ca. 630 km verteiltes militärisches Verteidigungssystem, das aus über 18 000 Bunkern, Stollen sowie zahllosen Gräben und Panzersperren bestand. Er verlief von Kleve an der niederländischen Grenze in Richtung Süden bis nach Grenzach-Wyhlen an der Schweizer Grenze.

Hitler ließ die Anlage, die militärischen und auch propagandistischen Wert hatte, ab 1936 planen und zwischen 1938 und 1940 errichten. Zuvor hatte er am 7. März 1936 (entgegen den Auflagen aus dem Friedensvertrag von Versailles) die demilitarisierten Gebiete beiderseits des Rheins wieder von Wehrmachtstruppen besetzen lassen.

53 Der **bewaffnete** Ralle dringt in die **Bezirksstelle** ein, um die **Reiselebensmittelmarken** zu klauen. Bastian wartet am **Steuer** des Wagens. Auf dem Rückweg nach **Ehrenfeld**, als alles eigentlich schon gut gegangen ist, baut Bastian einen Unfall, weil Ralle übermütig in die Luft **schießt**. Sie werden **gestellt**, müssen davonrennen und suchen Deckung in den **Trümmern**. Ein Polizist stellt sie, Ralle **schießt** auf den Polizisten und **trifft** ihn. Sie rennen weg. Auf der **Hindenburgbrücke** wird Bastian von **Klapproth** und **Ziegen** festgenommen.

54 Sowohl Bastian als auch Ralle und Otto mit seinen Leuten sind verhaftet und nach Brauweiler gebracht worden. Bei der Schießerei in Ehrenfeld gab es auch Tote.

55 Franzi fordert Paul und Fatz auf, wegzugehen und unterzutauchen, am besten sofort. (vgl. S. 348)

56 „Sie sprachen nicht mehr über das Hierbleiben oder das Weggehen und machten keine Pläne über den Tag hinaus. Sie liebten sich heute, und das genügte.“ (S. 348 f.)

57 Ziegen provoziert ihn, indem er ihm seine Rechercheergebnisse unterbreitet und die deutsche Gründlichkeit lobt. Er gibt damit an, dass es der Sekretärin Frau Jürgens gelungen ist, herauszufinden, wem der Rucksack gehört bzw. wer Paul Stern ist. Er nennt diesen einen Judenlümmel, der nach Ausschwitz deportiert wurde, und lässt dabei durchblicken, dass er vermutet oder weiß, wer Peter wirklich ist. Er unterbreitet Peter/Paul, dass dessen Einberufungsbefehl unterwegs ist, er also in den Krieg muss, was mit seinem Todesurteil gleichzusetzen ist. Er macht Andeutungen, dass er doch ein guter deutscher Junge sei. Er sagt ihm, dass Bastian ihn offenbar nicht mochte, weil Peter/Paul ihm sein Mädchen weggeschnappt hat. Bastian hätte ihn als Spitzel in Verdacht gehabt.
Paul fühlt sich als Verräter, weil Bastian ihn sogar unter Folter beschützen wollte und Ziegen diese Lügen aufgetischt hat, um die Geschichte für Paul glaubhafter zu machen.

58 a) ~~Bastian~~/**Paul** schreibt einen letzten Brief auf seiner Adler. Er schreibt darin, dass Weglaufen für ihn ~~eine~~/**keine** Lösung ist. Er bringt zum Ausdruck, dass der Krieg die Menschen **verändert**/~~nicht verändert~~ und sie sich selbst an diesen dunklen Zustand ~~nicht gewöhnen~~/**gewöhnen**. Ihm ist es ~~nicht wichtig~~/ **wichtig**, sich die Menschlichkeit zu bewahren, ~~total abzustumpfen~~/**nicht total abzustumpfen** und ~~einfach mitzumachen~~/**nicht einfach mitzumachen**. Er kündigt an, ~~nichts mehr tun zu wollen~~/**etwas Bestimmtes tun zu müssen**, um seinen Frieden zu finden.

b) Paul deutet damit an, dass er Oberkommissar Ziegen erschießen will und muss, um seine Freunde zu retten und weil die Wut auf diesen sadistischen Mörder so groß geworden ist.

59 Er hat Ziegen erschossen. Der Tote ist nach vorn auf das Lenkrad und die Hupe gekippt.

60 Klapproth und Föls gehen in Deckung, als sie den Schuss hören. Die Gefangenen nutzen die Verwirrung und das Durcheinander, springen vom Lkw und rennen weg.

Aufgaben zum Epilog: Die Farbe der Hoffnung

1

Nr.	
3	Er springt kurz vor der Müllhalde vom Müllwagen und versteckt sich im Gebüsch, dann dringt er in die Bretterbude an der Müllhalde ein.
5	Er muss auf dem Weg nach Süden die Stadt durchqueren.
1	Er rennt los, ohne sich umzudrehen.
6	Er hat das Gefühl, dass Soldaten auf ihn schießen.
8	Ein Lkw-Fahrer nimmt ihn bis kurz vor Remagen mit.
2	Er versteckt sich auf einem Pferdewagen der Müllabfuhr.
7	Er sieht drei gehängte Männer, die als Vaterlandsverräter hingerichtet wurden.
4	Er tauscht seine Gefängniskleidung gegen Arbeitskleidung aus, die er auf der Müllhalde findet.

2

Name	tot	ver-misst	am Leben	Todesart/Sonstiges/Aufenthaltsort
Billi	☐	☒	☐	verhaftet, vermutlich im EL-DE Haus inhaftiert
Franzis Vater	☒	☐	☐	im Krieg gefallen
Franzis Mutter	☐	☐	☒	ihre Arbeitsstelle, das Krankenhaus, wurde evakuiert
Hotte	☐	☐	☒	im Krieg
Bastian	☐	☒	☐	auf der Flucht, auf dem Weg nach Pfronten
Paul	☐	☒	☐	
Ziegen	☒	☐	☐	von Paul erschossen
Bastians Mutter	☐	☐	☒	in Pfronten
Bastians Vater	☒	☐	☐	im Arbeitslager umgekommen
Bastians Schwester	☐	☐	☒	in Pfronten
Ralle	☒	☐	☐	vermutlich von der Gestapo gehängt
Freddie	☒	☐	☐	vermutlich von der Gestapo gehängt
Zack	☒	☐	☐	erschossen
Fatz	☐	☐	☒	
Jupp Jablonski	☒	☐	☐	von der Gestapo erschossen
Otto Steinkamp	☒	☐	☐	vermutlich von der Gestapo gehängt

3 „Sie konnte sich ein Leben ohne Krieg, ohne ihren Bruder, ohne ihre Freunde, vor allem aber ohne ihren Paul nicht vorstellen." (S. 388)

4

Nr.	
4	Bastian freundet sich im Konzentrationslager mit Alfons an.
6	Bastian wird von einer Bauernfamilie aufgenommen und versorgt. Er bekommt zur besseren Tarnung die Uniform ihres gefallenen Sohnes Josef.
7	Mit dem Zug fährt Bastian bis nach Pfronten und fragt sich zu seiner Familie durch.
1	Bastian wird von der Polizei aufgegriffen, er hat keine Papiere und erfindet daher zunächst eine Geschichte. Er nennt sich Fritz Wils.
3	Er wird in ein Nebenlager des Konzentrationslagers Dachau transportiert.
8	Weil seine Mutter die neue Adresse der Familie nach Brauweiler geschickt hat, wird Bastian gleich wieder verhaftet.
9	Da das Kriegsende naht, lässt die Polizei Bastian frei.
5	Im Januar 1945 gelingt Bastian und Alfons bei Gleisbauarbeiten die Flucht aus dem Lager.
2	Er will nicht mehr lügen und sagt, dass er Sebastian Frei heiße und geflohen sei.

5 Franzi meint damit vermutlich, dass die Hoffnung nie ganz aufhört, auch wenn die Lage aussichtslos erscheint. So lange es also keinen Beweis gibt, dass Paul tot ist, wird sie weiter auf seine Rückkehr hoffen.

6 Die Gestapo hat die Adresse in Pfronten aus einem Brief, den Bastians Mutter nach Brauweiler geschickt hat. Durch den Jungen, mit dem er im Zug gesprochen hat, weiß die Polizei, dass er auf dem Hof seiner Tante ist. Der Junge ist nämlich der Sohn des Revierleiters. Am nächsten Morgen wird er verhaftet. Bastian rechnet damit, erschossen zu werden.
Er wird aber freigelassen, weil die Beamten wissen, dass der Krieg definitiv verloren ist. Sie wollen nach Kriegsende besser dastehen und natürlich nicht bestraft werden: „Wir machen ein Geschäft: Wenn wir jetzt deinen Fall nicht an die Gestapo melden, dann legst du nach dem Krieg ein gutes Wort für uns ein. Eine Hand wäscht die andere. Darauf dein Wort." (S. 407)

7 *Schülerlösung*

8 *Schülerlösung*

Aufgaben zum Nachwort der Autorin

1 Zunächst verweigerten einzelne Jugendliche den Gehorsam, z. B. indem sie nicht in die HJ eintraten. Sie wollten sich dem Drill und den Parolen nicht unterwerfen, weil sie eigene Wertvorstellungen hatten. Sie schlossen sich zu Gruppen zusammen, gingen Raufereien mit der HJ ein, sangen Lieder mit regimekritischen Texten und brachten kritische Parolen an. Später wurden ihre Aktivitäten gezielter.
Die Edelweißpiraten zeigten offen, dass sie anderer Meinung waren als die Nationalsozialisten; sichtbar war das an ihrer Kleidung, Frisur, den Edelweißansteckern. Durch verschiedene Aktionen wollten sie Sand ins Getriebe streuen.
Da sie auch Deserteure versteckten, Kriegsgefangenen halfen, Gütertransporte mit Lebensmittelmarken überfielen, Hungernde mit gestohlenen Lebensmittelkarten versorgten oder Flugblätter verteilten, wurden sie zunehmend verfolgt und kriminalisiert.

2 Sie nannten sich mit stark abgekürzten Namen, um bei Folterungen keinen schnellen Verrat zu begehen.

3 Die Flugblattaktionen am Bahnhof und in den Flakstellungen, die öffentliche Erhängung von Edelweißpiraten am 10. November, die Überfälle auf Lebensmitteltransporte sowie die Flucht aus dem Außenlager des KZ Dachau (Fritz Theilen) sind historisch belegt.

4 Die Informationen entstammen zum Teil der Biografie von Fritz Theilen.

D Nach dem Lesen: Textkenntnis vertiefen und überprüfen

Selbsttest: Textkenntnis überprüfen

1

Figur/en	Aussage
Pauls Vater	… erzählt seinem Sohn die Geschichte über die Hoffnung.
Franzi	… ist Hottes Schwester und arbeitet in der Gärtnerei ihrer Tante.
Zack	… wird bei der Plünderung eines Bahnwaggons bzw. beim Versuch, Lebensmittel zu stehlen, erschossen.
Bastian	… wird von den Kommissaren Ziegen und Klapproth verhaftet und erlebt im EL-DE-Haus Zynismus und brutale Schläge von „Kellermeister“ Föls.
Frericks	… ist bei der SS und schikaniert Bastian bei Ford.
Mahlmann	… ist Bastians Chef bei Ford und Bastian eigentlich wohlgesonnen.
Billi	… findet unter vielen Verletzten einen toten jungen Mann, der aussieht wie Paul. Sie nimmt seinen Ausweis an sich.
Otto Steinkamp	… ist ein geflohener KZ-Häftling, der im Untergrund lebt. Er will, dass die Gruppe ihm beim Verteilen von Flugblättern hilft.
Lagusch	… ist Vorarbeiter in der Gärtnerei und ein Nazi, aber Tante Rose gegenüber loyal. Er ist dagegen, dass das Pferd jetzt Paul gehören soll.
Werner	… hat ein loses Mundwerk und wohnt ebenfalls in der Gärtnerei.
Ralle	… arbeitet als Bote für Bomben-Otto und hat eine Pistole.
Mahlmann	… schickt Bastian ins Wehrertüchtigungslager.
Werner und Lagusch	… sprechen miteinander über „lebensunwertes Leben“, über Euthanasie.
Hotte	… hat einen Einberufungsbefehl für Januar bekommen.
Jupp Jablonski	… sabotiert die Arbeit bei Ford, will „das Rädchen sein, das nicht rundläuft“.
Oberstaatsanwalt Dr. Blömer und Ziegen	… unterhalten sich über bisherige Ermittlungserfolge. Einer ist für menschenwürdige Behandlung der Edelweißpiraten, der andere für deren Kriminalisierung und Verfolgung als gefährliche Kriminelle.
Martha Osmann	… wird zur Gegenüberstellung nach Köln gebracht. Sie tut so, als ob sie Peter (Paul) erkennt.
Werkschutzmann	…bricht Bastian im Ford-Werk die Nase, als die Sabotage auffliegt, rettet ihn aber trotzdem vor der Gestapo.
Ralle	… überfällt mit Bastian die Bezirksstelle, sie rauben dort Lebensmittelmarken.

Alfons	Bastian lernt ihn im KZ Dachau kennen und es gelingt ihnen gemeinsam die Flucht von dort.
Bäuerin	… päppelt Bastian wieder auf und gibt ihm die Uniform ihres gefallenen Sohnes.

2

1 A	Pauls Vater ist verhaftet, seine Mutter tot, er selbst soll sich im Sammellager für Juden in Köln-Müngersdorf melden.
2 A	Als Paul zu den Edelweißpiraten kommt, sind alle misstrauisch. Bastian und Hotte beschließen, Paul zu helfen.
3 C	Bastian, Zack und Hotte wollen nachts einen Bahnwaggon knacken. Obwohl Hotte sie warnt, springt Zack vom Boden auf. Er wird erschossen.
4 C	Bastian wird bei der Arbeit von Frericks schikaniert, doch sein Chef Mahlmann ist ihm eigentlich wohlgesonnen.
5 A	Bastian und Paul bekommen von dem ehemaligen KZ-Häftling Otto den gefälschten Ausweis. Als Gegenleistung sollen sie Flugblätter verteilen.
6 B	Bei der Flugblattaktion am Hauptbahnhof lassen Paul, Franzi, Billi und Bastian einen Rucksack zurück, in dem Pauls Initialen stehen.
7 A	Billi wird verhaftet. Es wird vermutet, dass Zacks Mutter gegen sie ausgesagt hat, um auf dem Friedhof ein Grab für Zack zu bekommen.
8 A	Frau Osmann wusste offenbar nichts von den Machenschaften der Nazis und verspricht, Paul als Peter zu identifizieren.
9 C	Paul wird zum vermeintlichen Gestapospitzel. Er berichtet Bastian davon. Die Gruppe trifft sich nun auf dem Gestapofeld.
10 C	Kurz vor Kriegsende wird Bastian erneut verhaftet. Die Polizisten lassen ihn jedoch wieder laufen.

E Vorbereitung auf die Abschlussprüfung

Merkmale möglicher Textsorten im Überblick

1
a) Gespräch/Dialog
b) Brief
c) Innerer Monolog, Tagebucheintrag, evtl. auch Gespräch/Dialog
d) Innerer Monolog, Brief, Tagebucheintrag
e) Brief
f) Gespräch/Dialog, innerer Monolog
g) Tagebucheintrag, innerer Monolog, evtl. Brief, Gespräch/Dialog
h) Innerer Monolog, Tagebucheintrag, evtl. auch Brief
i) Brief, Tagebucheintrag
j) Gespräch/Dialog
k) Innerer Monolog, persönlicher Brief, Tagebucheintrag
l) Tagebucheintrag, innerer Monolog
m) Innerer Monolog, Tagebucheintrag, Brief, Gespräch/Dialog
n) Gespräch/Dialog
o) Tagebucheintrag
p) Innerer Monolog

2 **Textauszug 1**
a) Innerer Monolog
b) Paul
c) Der Textauszug bezieht sich auf S. 353. Paul wurde ins EL-DE-Haus zu Ziegen bestellt. Ziegen eröffnet ihm, dass er demnächst seine Einberufung erhalten wird und Ziegen mit den Gefangenen in Brauweiler fertig ist. Hin- und hergerissen zwischen Wut und Ohnmacht überlegt Paul, was er tun kann.

Textauszug 2
a) Persönlicher Brief
b) Paul schreibt Ralle
c) Ralle hält sich immer öfter im Dunstkreis von Otto auf und lässt radikale Tendenzen

erkennen. Bastian gefällt das überhaupt nicht (vgl. S. 190 f.).
Es kommt zum Streit. Paul kann Bastians Bedenken gut verstehen. Als etwas neutralerer Beobachter setzt er sich abends an seine Schreibmaschine und schreibt einen Brief an Ralle, den er ihm bei nächster Gelegenheit zustecken will. Er möchte Ralle darlegen, was Bastian, Franzi und er unter Widerstand verstehen und wo für sie die Grenze gezogen werden muss zu dem, was Otto möglicherweise darunter versteht.

Textauszug 3

a) Gespräch/Dialog
b) Bastian und Franzi
c) Bastian hat zusammen mit Paul und Hotte Ottos Flugblätter vor den Unterkunftsbaracken der Flakhelfer verteilt. Bastian wird erwischt und mit einer Waffe bedroht. Er hat Todesangst und befürchtet, erschossen zu werden. Er wird aber unverhofft einfach weggeschickt. (vgl. S. 197 ff.)
In einem vertrauten Moment zu zweit, nachdem sie den Plan von der Flugblattaktion am Hauptbahnhof gefasst haben, versucht Bastian, Franzi seine Todesangst zu beschreiben. Er hofft, dass er den tiefen Schrecken, der ihn seitdem verfolgt, loswerden kann, wenn er jemandem davon erzählt.

Textauszug 4

a) Tagebucheintrag
b) Franzi
c) Franzi ist schwanger, Paul ist und bleibt verschwunden. Sie vermisst ihn schmerzlich. Um ihr Gefühlschaos zu ordnen, schreibt sie ihre Gedanken in ihr Heft (vgl. S. 387).

F Schreibaufgaben im Stil der Abschlussprüfung

Aufgabe 1

Vorüberlegungen
Wer äußert sich? – Paul

In welcher Situation befindet sich die Person?
Vorgeschichte/Handlung/Situation, bevor der innere Monolog einsetzt (S. 350–353):
Paul weiß, dass der Krieg nicht mehr lange dauern kann. Die Stadt Aachen hat bereits kapituliert. Die Amerikaner kämpfen 80 km vor Köln. Er weiß, dass es in der Stadt nun noch gefährlicher wird, denn die Nazis beginnen „aufzuräumen“: Zeugen werden aus dem Weg geräumt, Beweise werden vernichtet. Paul will erfahren, was Ziegen vorhat. In ihrem Gespräch provoziert Ziegen Paul, indem er ihm seine Rechercheergebnisse über die Flugblattaktion am Hauptbahnhof unterbreitet und die deutsche Gründlichkeit lobt. Ziegen gibt damit an, dass es der Sekretärin Frau Jürgens gelungen ist, herauszufinden, wem der Rucksack gehört bzw. wer Paul Stern ist. Er nennt Paul einen Judenlümmel, der nach Ausschwitz verladen wurde, und lässt dabei durchblicken, dass er vermutet oder weiß, wer Paul/Peter wirklich ist. Ziegen unterbreitet Paul, dass dessen Einberufungsbefehl unterwegs ist, er also in den Krieg muss, was mit seinem Todesurteil gleichzusetzen ist. Er macht die ironische Bemerkung, dass Peter doch ein guter deutscher Junge ist.
Ziegen deutet außerdem an, dass in der jetzigen Situation der Befehl von „oben“ lautet, keine Gefangenen mehr zu machen, d. h., dass er die Befugnis hat, die Gefangenen umzubringen. Paul weiß somit, dass seine Freunde in Lebensgefahr sind.
Ziegen sagt ihm auch, dass Bastian ihn offenbar nicht mochte, weil Paul/Peter ihm sein Mädchen weggeschnappt hat. Bastian hätte ihn sogar als Spitzel in Verdacht gehabt. Paul fühlt sich als Verräter, weil Bastian – obwohl er verhaftet ist und vermutlich gefoltert wird – ihn beschützen wollte und Ziegen diese Lügen aufgetischt hat, um Pauls Geschichte glaubhafter zu machen.
Handlung im Anschluss an den inneren Monolog (S. 353–365):
Paul geht in die Gärtnerei und räumt dort alles auf, als hätte er vor, nicht mehr zurückzukommen. Anschließend schreibt er einen (letzten) Brief auf seiner Adler. Darin steht, dass Weglaufen für ihn keine Lösung ist. Er bringt zum Ausdruck, dass der Krieg die Menschen verändert und sie sich selbst an diesen schlimmen Zustand gewöhnen. Ihm ist es wichtig, sich die Menschlichkeit zu bewahren, nicht total

abzustumpfen und nicht einfach mitzumachen. Er kündigt in seinem Brief an, etwas Bestimmtes tun zu müssen, um seinen Frieden zu finden.

Paul deutet damit vermutlich an, dass er Oberkommissar Ziegen erschießen will und muss, um seine Freunde zu retten, und weil die Wut auf diesen sadistischen Mörder so groß geworden ist.

Mit welchen Themen wird sich die Person auseinandersetzen? – Stichwortsammlung

Themen	Inhalte
Freundschaft mit Bastian	• Paul denkt daran, dass Bastian ihn mit seinen Lügen geschützt hat. • Er ist beeindruckt von dessen Loyalität und Selbstlosigkeit, denn Bastian hätte sich vielleicht retten können, wenn er Paul verraten hätte. • Paul bewundert Bastian dafür, dass ihm überhaupt eingefallen ist, Paul mit dieser Lüge schützen zu können.
die Edelweißpiraten	• Ziegens Worte, dass keine Gefangenen mehr gemacht werden sollen, beunruhigen ihn. Seine Freunde sind offenbar so gut wie tot. • Er ist verzweifelt, weil alles sinnlos erscheint. Obwohl der Krieg bald vorbei ist, scheint es für die Edelweißpiraten nicht gut auszugehen. • Paul fühlt sich wie ein Verräter. Er ist in Sicherheit, während die anderen leiden und in Lebensgefahr sind.
seine Identität als Peter König	• Er fühlt sich unwohl, weil er frei ist und als Spitzel gilt. Ziegen gegenüber darf er seine wahren Gefühle jedoch nicht zeigen. • Paul hat Angst, dass seine wahre Identität doch noch auffliegt. Ziegens Andeutungen und dessen Interesse, herauszufinden, wer Paul Stern ist, beunruhigen ihn. • Paul fühlt sich und seine Familie durch Ziegens Worte gedemütigt und beleidigt. Ziegen macht sich über das Schicksal von Pauls Vater lustig, was Paul kaum ertragen kann.
Pauls Gefühle/Pläne/ Reaktion auf Ziegen	• Paul denkt darüber nach, wie er sich verhalten soll. Soll er gleich reagieren und seine Tarnung aufgeben? Kann er dann aber noch etwas für seine Freunde tun? Was wird mit Franzi? • Er entscheidet sich, nicht unüberlegt zu handeln. Er weiß, dass er nur etwas ausrichten kann, wenn er jetzt die Haltung wahrt, obwohl er Ziegen am liebsten gleich an die Gurgel gehen möchte. • Er trifft (vermutlich) schon die Entscheidung, Ziegen aktiv entgegenzutreten, ihn auszulöschen, sein eigenes Leben aufs Spiel zu setzen, damit er seinen Freunden beistehen kann. • Er geht vielleicht Möglichkeiten durch, wie er nun reagieren kann.
Franzi	• Er denkt daran, dass er den Mord begehen muss, obwohl er Franzi hat und er es ihr schuldig ist, sich zu schützen. • Paul weiß, dass es Franzi lieber wäre, wenn er und Fatz untertauchen würden. • Dennoch tut er es auch für sie und er hofft auf eine gemeinsame Zukunft mit ihr.

Welche Textsorte wird für deinen Schreibauftrag verlangt? – innerer Monolog

So könnte Pauls innerer Monolog lauten:
Das alles wird dir noch leidtun! Du Schwein, du mieses Schwein! Ich bring dich um, du mieser Nazi! Gleich kommt mir der Kaffee wieder hoch, mir ist so schlecht. Ich kann kaum schlucken, so übel ist mir, der Kaffee ist kaum runterzuwürgen. Wie betäubt komme ich mir vor, wie festgeklebt …

Beruhige dich, Paul, keine falsche Äußerung, kein verräterischer Gesichtsausdruck, keine auffällige Gefühlsregung oder Bewegung. Der kann sonst in dir lesen wie in einem Buch. Das muss er dir doch ansehen, wie du dich ekelst, wie du innerlich tobst, ihm an die Gurgel willst. Das will er doch nur provozieren, dass ich mich doch noch verrate, dass seine Sticheleien doch noch Wirkung zeigen.

Warum sonst sollte er mir das alles erzählen? Er weiß etwas, er muss etwas wissen oder ahnen, warum sollte er mir sonst die Geschichte von Paul Stern und dessen – meinem! – Vater erzählen? Warum ist er da so verbissen drangeblieben, er muss mich doch irgendwie in Verdacht haben. Warum sollte er sonst Peter Königs Herkunft anzweifeln? Judenlümmel, mein Vater und ich in Auschwitz, wie er sich daran erfreut, dieser Mörder!

Da hat ihn der Ehrgeiz gepackt, das konnte er nicht auf sich sitzen lassen, dass er das nicht herausgefunden hat, das mit den Flugblättern am Hauptbahnhof. Mein Rucksack, meine Initialen, mein altes Leben, mein echtes Leben. Ach Vater, werde ich nun doch noch so enden wie du? Umgebracht von diesen Nazis? Oder sogar an der Front sterben – als Nazi? Wenn ich einberufen werde, dann ist es ohnehin aus. Ich sitze hier als Verräter und trinke Kaffee mit so einem Ungeheuer, hinausschreien müsste ich es, ihm ins Gesicht spucken. Ihm die Wahrheit auf den Tisch kotzen. Mich kriegst du nicht, nicht meine Seele, nicht meine Überzeugung. Ich werde alles runterschlucken, aushalten und dann endlich handeln. Dieses Mal ist es mit Flugblättern allein nicht getan. Wenn es sein muss, kann ich auch vor dem Äußersten nicht mehr zurückschrecken. Ich muss zu allem bereit sein.

Die anderen haben das schon eher kapiert. Bastian, der gute Bastian. Selbst als ihm das Wasser schon bis zum Halse steht, hat er noch die Größe, dem Ziegenschwein eine solche Geschichte aufzutischen. Mein Gott, Bastian ist ein Held, ein echter Held, und ich sitze hier, ein Verräter, ein kümmerlicher Lügner. Fast hätte ich Bastians Geschichte für bare Münze genommen, mit seiner Eifersucht, und dass er mich von Anfang an nicht gemocht und mir misstraut hat. Das hätte auch durchaus sein können, ich hätte es ihm nicht verübelt. Das hat einen ganzen Moment gedauert, bis bei mir der Groschen gefallen ist. Bastian, du Freund, du Held, du Kämpfer! Geniale Idee, meine Glaubwürdigkeit auf diese Weise zu stützen! Das scheint Ziegen geschluckt zu haben. Aber erzählt hat er es mir, damit ich gekränkt bin, dass meine Wut genährt wird …

Glaubt mir Ziegen denn, dass ich auf seiner Seite stehe, oder strömt aus jeder Pore meines Körpers die Wahrheit, die Wut, die Zugehörigkeit zu meinen Leuten, meinen Freunden, ja, meinen Rettern. Und jetzt bin ich an der Reihe, jetzt ist es an mir zu handeln, ich habe mich lange genug bedeckt gehalten. Ziegen, du jämmerliche Gestalt, du wirst dafür büßen, wirst dran glauben müssen, ich mach dich fertig, du Schwein! Und wenn es bedeutet, dass ich dabei draufgehe. Jetzt ist es an der Zeit zu handeln, jetzt bin ich das entscheidende Rädchen im System. Warte nur, wenn ich hier raus bin, dann wirst du dein blaues Wunder erleben! Ich werde nicht als Verräter oder Spitzel in Erinnerung bleiben, ich werde nicht zusehen, wie du unsere Ideale weiterhin mit Füßen trittst. Dieser Kampf ist noch nicht entschieden, noch nicht verloren. Ich muss handeln, muss für Bastian einstehen, für ihn und all die anderen. Sonst hätte doch alles keinen Sinn gehabt. Der Krieg ist bald aus, er muss bald aus sein. Die Amerikaner sind nur noch 80 km entfernt, 80 km, was sind schon 80 km? Ein Katzensprung oder eine Ewigkeit?

Meine Wut wird mir Kraft geben, mein Ekel wird mich stützen. Ziegen, ich mach dich fertig, du weißt gar nicht, wen du dir da ins Haus geholt hast! Aber ich werde es mit Bedacht angehen. Und ich werde in Kauf nehmen müssen, dass ich danach nicht mehr in die Gärtnerei zurückkehren kann. Und trotzdem muss ich handeln. Für Franzi und meine Zukunft, für meinen Vater, für die Edelweißpiraten, für Bastian, meinen treuen Freund, für die Menschlichkeit. Ziegen, warte nur, was dir noch blüht!

Aufgabe 2

Vorüberlegungen
Wer äußert sich? – Franzi

In welcher Situation befindet sich die Person?
Franzi vermisst Paul, der noch immer nicht zurückgekehrt ist. Ihre Hoffnung auf seine Rückkehr schwindet. Sie ist schwanger.

Mit welchen Themen (Schlüsselszenen) wird sich die Person in dem Schreibauftrag auseinandersetzen?
Franzi denkt an Paul und ihre Liebe, die trotz aller widrigen Umstände möglich war. Sie stellt sich selbst die rhetorische Frage, ob es Liebe in Kriegszeiten überhaupt geben kann, wo Hass, Gewalt, Tod und Überlebenskampf das Glücklichsein fast unmöglich erscheinen lassen.
Sie denkt vielleicht über gemeinsame glückliche Momente nach, über Momente der Zweisamkeit und Unbeschwertheit.

Hinweis: Die Aufgabe ist relativ offen gestellt, sodass neben dem Thema „Liebe in Kriegszeiten" eigene thematische Schwerpunkte gesetzt werden müssen.

Tipp: Suche also zunächst Textstellen, die Franzis und Pauls Liebe thematisieren. An die könnte sich Franzi zurückerinnern. Sie könnte daran denken, dass Paul einmal vorgeschlagen hat zu fliehen (S. 267), dass sie und Paul irgendwann beschlossen hatten, keine Zukunftspläne mehr zu machen und einfach nur die wenigen unbeschwerten Glücksmomente genießen wollten. Sie kann an ihr Kennenlernen denken, aber auch an Bastians anfängliche Eifersucht, an die gemeinsame Zeit in der Gärtnerei, an die Schwangerschaft und daran, wie die Liebe zu Paul in dem Kind, das sie erwartet, weiterleben/weitergehen wird.

Welche Textsorte wird für deinen Schreibauftrag verlangt? – Tagebucheintrag

So könnte der Tagebucheintrag lauten:
Ist Liebe in einer solchen Zeit möglich? Ja, ja, ja. Wir hatten sie doch! Paul, das, was wir hatten, das ist Liebe und ich durfte sie erleben, auch wenn es nur für eine kurze Zeit war. Fast kann ich mich nicht mehr daran erinnern, was vor dem Krieg war, wie sich Frieden angefühlt hat, als alle Häuser noch standen, als das Essen noch gereicht hat, als noch keine Sirene zum Gang in den Luftschutzbunker gedrängt hat. Es kommt mir so unendlich weit weg vor, fast wie in einem früheren Leben.
Heute Morgen habe ich auf dem Weg in die Stadt inmitten von Trümmern eines zerbombten Hauses zwei rote Tulpen blühen sehen. Ich musste zweimal hinschauen, fast hätte ich meinen Augen nicht getraut, so grotesk wirkte das Bild auf den ersten Blick. An den Anblick von kaputtem Glas, zerbeulten Blechzubern und hohlen Fenstern, ja selbst an Leichen auf der Straße hat man sich gewöhnt – als wären die Augen schon abgestumpft. Wie ein kleines Wunder haben diese Tulpen ihrem Umfeld getrotzt, wie zwei, die sich einfach nicht unterkriegen lassen wollen, die Frühling machen, auch wenn Frühling verboten ist, die blühen, obwohl niemandem sonst nach Blühen zumute ist. Wie zwei Liebende in einer Zeit, in der die Liebe verschwunden zu sein scheint.
Paul, mein erster Gedanke galt natürlich dir, wir waren die zwei Tulpen, die ganz unverhofft gemeinsam blühen durften, obwohl wir es selbst fast nicht glauben wollten. Eine zerbrechliche Liebe, eine Liebe, die jeden Tag neu ausgekostet werden musste, weil sie vergänglich war, weil alles vergänglich war und jederzeit zu Ende sein konnte. Und so kann man doch auch daraus noch Hoffnung schöpfen, dass sich die Welt diese ureigenste Fähigkeit erhalten hat, dass jeden Morgen aufs Neue die Sonne aufgeht, dass nach dem Gestern auch wieder ein Morgen kommt und dass Liebe – unsere Liebe – in einer solchen Zeit möglich war, nein, ist. Unverzeihlich, dass mir hier schon die Vergangenheitsform aufs Papier geflossen ist … Paul, mit jedem Tag schwindet meine Hoffnung, dich jemals wiederzusehen. Und doch ist sie da, die Hoffnung, die Liebe. Und selbst wenn jemand die zwei Tulpen abpflückt, wenn ein Kind sie seiner Mutter mitbringt oder ein unbedachter Schritt sie niedertrampelt, dann weiß man doch, dass in der Blumenzwiebel noch Kraft geblieben ist, Kraft, die im nächsten Frühling wieder eine Tulpe blühen lässt.
Vielleicht hätten wir doch gemeinsam abhauen sollen, du hattest es vorgeschlagen … Aber ich habe es dir sofort ausgeredet, habe dir ein schlechtes Gewissen gemacht, habe dir gesagt, dass du dann wieder ein Pferd im Stich lassen würdest. Dabei wolltest du gemeinsam mit mir und Hennes abhauen, wolltest dich nicht von den Nazis umbringen lassen. Ich habe geantwortet, dass du dich auch hier nicht um-

bringen lassen sollst, dass du mit mir leben und mich lieb haben sollst. Ich konnte es mir nicht vorstellen zu gehen, ohne Mutter, ohne Hotte und die anderen. Und dann hast du es mir gesagt, dass du mich mehr liebst, als ich es ahne, und dass du mehr an mich denkst, als an jemanden sonst. Du hast mir behutsam übers Gesicht und durch die Haare gestreichelt. Wir waren uns so nah und haben uns geküsst und umarmt. Niemals in meinem Leben werde ich diesen Moment vergessen. Und dann war klar, wir werden weder aufgeben noch abhauen, wir werden uns nicht dem Schicksal ergeben, wir werden handeln. Und dann war ich ja selbst in Oberhausen, habe all das über Peter König herausgefunden, habe Frau Osmann gefunden und war mir sicher, dass sie uns helfen würde, dass sie ein guter Mensch ist. Und ich hatte recht. Aber tausend Tode gestorben bin ich deswegen doch. So oft haben wir so großes Glück gehabt, haben uns gefunden, geliebt, überlebt – und jetzt? Wie soll ich nur weitermachen, wie soll ich ohne dich weiterleben? Wo bist du? Lebst du noch? Paul, ach Paul, hätte ich nicht unser Kind im Bauch, woher sollte ich dann jetzt noch Hoffnung schöpfen? Ich werde Herrn Wutz zurückholen, den soll unser Kind haben.

Aufgabe 3

Vorüberlegungen
Wer äußert sich? – Franzi

In welcher Situation befindet sich die Person?
Franzi verfasst einen (Antwort-)Brief an ihren Freund Bastian, der als Einziger der Gefangenen der Hinrichtung entkommen konnte. Bastian hat überlebt und Franzi in seinem Brief die Geschichte seiner Flucht erzählt.
Franzi hat seit dem Tag der Hinrichtungen am Bahnhof (9. November) weder etwas von Bastian noch von Paul gehört, aber Pauls Brief gefunden: „Franzi hatte Pauls Brief in der Schreibmaschine gefunden und konnte sich keinen Reim darauf machen. Das war ein Abschiedsbrief und doch nicht. Aber er war nicht für sie.“ (S. 385)
Sie weiß aus der Zeitung, dass jemand Oberkommissar Ziegen erschossen hat. Von Fatz hat sie erfahren, dass es vermutlich Paul war, der auf Ziegen geschossen hat (vgl. S. 395), aber dass er selbst nicht erwischt worden ist. Seither sucht sie nach Paul bzw. wartet auf seine Rückkehr: „Erschöpft ließ sie sich aufs Bett fallen. In ihrem Kopf rasten die Gedanken, fuhren Zickzackkurven und drehten sich doch immer nur um die inzwischen stumme Frage: ‚Paul, wo bist du?‘“ (S. 388)
Franzi vermisst Paul unendlich und weiß jetzt, dass sie von ihm schwanger ist: „Und sie weinte, wenn sie daran dachte, dass ihr Kind vielleicht ohne seinen Vater aufwachsen müsste. Sie weinte aber vor allem um Paul. Doch sie spürte auch, dass sie wieder stark wurde. Mit ihrem Kind. Langsam kehrte die Zuversicht zurück. Auch wenn Paul nicht wiederkäme, für ihn und für ihr gemeinsames Kind würde sie alles schaffen.“ (S. 397)

Mit welchen Themen (Schlüsselszenen) wird sich die Person in dem Schreibauftrag auseinandersetzen?
Franzi wird Bastian erzählen, was seit seiner Flucht passiert ist. Sie wird auch Bezug darauf nehmen, was Bastian ihr vermutlich geschrieben hat.

- Hinrichtung von 13 Edelweißpiraten
- Ermordung von Oberkommissar Ziegen
- Vermutung, dass Paul Ziegen erschossen hat (Bericht Fatz)
- Pauls Verschwinden
- Gedanken zu Pauls „Abschiedsbrief“, mögliche Gründe für sein Verschwinden und ihre Hoffnung
- (vergebliche) Suche nach Paul und ihre Angst um ihn
- Nachricht von der Schwangerschaft
- aufkeimende (neue) Hoffnung

Welche Textsorte wird für deinen Schreibauftrag verlangt?
Verlangt wird ein persönlicher Brief, der ein Antwortschreiben auf einen Brief ist, den Franzi von Bastian bekommen hat. Darin hat Franzi erfahren, wie Bastian die Flucht gelungen ist und wie er es schließlich auf vielen Umwegen bis nach Pfronten zu seiner Familie geschafft hat.

So könnte Franzis Brief lauten:
Liebster, bester Bastian,

noch immer habe ich Herzklopfen, bin außer Atem vom Umhertanzen in der Küche und habe Freudentränen im Gesicht. Dass du lebst, dass du es zu deiner Familie geschafft hast, dass du dich meldest ... Kaum etwas hätte mich heute glücklicher machen können. Du lebst und denkst an mich! Und so setze ich mich eben auch sofort an den Küchentisch und antworte dir, damit auch du ganz schnell ein Lebenszeichen von mir bekommen sollst, obwohl ich weder Arme noch Beine stillhalten kann vor Glück. Und dann ab mit dem Brief zu dir nach Pfronten, in den Frieden nach Pfronten. Der Krieg ist zu Ende! Uns zwei gibt es noch!

Am liebsten würde ich mich an dieser Freudensnachricht über deine Rettung und deine geglückte Reise nach Pfronten zu deiner Familie festhalten, würde diese Nachricht meine Gedanken bestimmen lassen und mich nicht hinsetzen müssen, um dir zu schreiben, was es hier an Neuigkeiten zu berichten gibt. Die Gärtnerei steht noch, zumindest weitgehend, wir haben ein Dach über dem Kopf und ein Auskommen. Von Hotte haben wir lange nichts gehört, aber auch keine Meldung, dass er gefallen ist. So langsam werden die Soldaten von der Front zurückkehren, wir glauben fest daran.

Du hast mir vom Tag eures Transports nach Ehrenfeld berichtet, von der Fahrt im Lkw und dass ihr eine Mundharmonika gehört habt, die *Edelweißpiraten sind treu ...* gespielt hat. Das ist Fatz gewesen. Er hat das für euch gespielt, um klarzustellen, dass ihr nicht alleine seid, dass ihr flitzen müsst, weil es eure letzte Chance ist. Paul hat ihm das aufgetragen. Paul wollte, dass ihr das als Zeichen der Hoffnung hört. Und offenbar hatte auch Paul etwas vor, auch er wollte ein Zeichen setzen. Fatz ist sich sicher, dass Paul es gewesen sein muss, der Ziegen erschossen hat. Der Schuss, der Moment, der vermutlich deine Flucht ermöglicht hat, muss von Paul gekommen sein. Und wenn du jetzt stutzig wirst, weil ich hier von Vermutungen schreibe, dann ganz zu Recht. Paul ist seit dem Tag verschwunden, nicht mehr aufgetaucht, wie vom Erdboden verschluckt. Wir wissen, dass er nach der Tat und deiner Flucht nicht geschnappt worden ist. Es hätte doch sonst todsicher etwas in der Zeitung gestanden. Meinst du nicht auch, dass die Gestapo sich diese Schlagzeile nicht hätte entgehen lassen? Ich habe das förmlich vor mir gesehen, wie es in der Zeitung gestanden hätte: Peter König, alias Paul Stern, Sohn eines jüdischen Kohlenhändlers, hat unseren ehrenwerten, hochverdienten Oberkommissar Ziegen erschossen. Er starb in Ausübung seiner Pflicht, die Stadt von Saboteuren und Volksverrätern zu säubern ... Aber nichts. Wir dachten, dass er untertauchen musste und jetzt nur auf den passenden Moment wartet, um zurückzukehren ... Und einen Brief habe ich in seiner Kammer gefunden. Paul muss ihn geschrieben haben, bevor er aufbrach, um Ziegen zu erschießen. Der Brief war auf der Adler getippt, aber nicht an mich gerichtet. Es klang, als hätte er die Worte an uns alle gerichtet, schon wie ein Abschiedsbrief, aber dann auch wieder nicht. Er schreibt, dass er eigentlich hatte weggehen wollen, aber dass wir für unsere Träume und Sehnsüchte einstehen müssen. Er wendet sich im Brief an Zack und schreibt, dass uns dieser Scheißkrieg vielleicht zu besseren Menschen macht, weil wir lernen, die Dinge zu achten, die uns geblieben sind. Er schreibt, dass wir Träumer sein müssen, weil die Wirklichkeit sich zur Hölle verwandelt hat und wir darin zu Tieren geworden wären, aber nicht zu Tieren geworden sind, weil wir nicht mitgemacht haben. Wir sind unseren Zielen treu geblieben und haben die Menschen und die Menschlichkeit weiter geachtet. Aber dann schreibt er auch, dass manchmal „Dinge" getan werden müssen, damit man seinen Frieden finden kann. Er kündigt an, dass er so etwas jetzt tun wird. Er schreibt, dass er, wenn er es getan hat, nicht weggehen wird, sondern bleiben und ein gutes Leben führen wird. Ich kann den Brief schon längst auswendig, habe ihn ein ums andere Mal gelesen, darüber nachgedacht. Hätte er sich von mir verabschieden wollen, hätte er es anders gemacht. Seine Pistole war auch weg und so denke ich, dass er das geschrieben hat, um sich zu wappnen, um sich dafür zu rechtfertigen, dass er dieses Schwein erschießen musste. Und schlussendlich hat er dir damit das Leben gerettet. Die anderen Gefangenen, unsere Edelweißpiraten wurden alle gehängt. Ach, dass du entkommen bist, was gäbe ich darum, dass Paul wüsste, dass du lebst. Was gäbe ich darum, dass ich wüsste, dass er lebt ... Dass ich geweint und gesucht, gefleht und gehofft habe, wirst du dir denken können. Niemals hätte er mich wissentlich, absichtlich im Stich gelassen. Da gibst du mir doch sicher recht. Er hat mich doch geliebt, wir lieben uns doch. Und dass es so etwas inmitten der Kriegswirren für mich geben durfte ... verzeih mir, dass ich das schreibe, aber du weißt es doch auch und Paul war, ist ja auch dein Freund ...

Und noch etwas Neues gibt es hier aus Köln zu berichten. Und nun ist es nicht Paul, dem ich das als Erstem berichte, sondern du bist es, Bastian. Ich bin schwanger. Ich trage Pauls Kind unter meinem Herzen. Und ich weine, wenn ich daran denke, dass dieses Kind vielleicht ohne seinen Vater aufwachsen muss. Ich weine aber vor allem um Paul. Doch ich spüre auch, dass ich nach all der unsäglichen Angst und Trauer, Niedergeschlagenheit und Ausweglosigkeit wieder stark werde. Mit diesem, mit meinem, mit Pauls Kind. Langsam kehrt die Zuversicht zurück. Auch wenn Paul nicht wiederkommt, für ihn und für unser gemeinsames Kind werde ich alles schaffen, werde ich durchhalten und weitermachen, weiterleben. Und so wie ich unzählige Male in Gedanken mit Paul geredet habe, so rede ich nun mit unserem ungeborenen Kind, erzähle ihm meine Lieblingsgeschichte, die Paul mir wohl hundertmal erzählt hat: Die Geschichte von den zwei Juden im Gefängnis, die Geschichte, die wohl für uns alle zur Hoffnungsgeschichte geworden ist.

Bastian, um eines möchte ich dich schon jetzt ganz herzlich bitten. Bitte frag Elli, ob sie mir und dem Kind Herrn Wutz zurückgeben würde, wir brauchen ihn ganz dringend. Er wird dem Kind eine Erinnerung sein an seinen Vater, der bis zum Schluss die Hoffnung nicht verloren hat.

Mein lieber Bastian, dass du lebst, dass wir uns wiedersehen werden ... Komm schnell nach Hause, ich kann es nicht erwarten, dich und die anderen zu sehen! Grüß alle von mir!

Es umarmt dich,

deine Franzi

Lösungsheft zu
Best.-Nr. 8154029

S. 7–10	**Gespräch im EL-DE-Haus** zwischen Ziegen, Klapproth, Dr. Blömer, Klawes und Schründer
Teil eins: Der brennende Himmel	
S. 13–44	**Pauls Flucht nach Köln und seine Aufnahme bei den Edelweißpiraten** Paul verlässt seinen Hof in Eikamp in Richtung Köln (S. 13–19) • Paul lernt Franzi kennen, Aufnahme bei den Edelweißpiraten (S. 19–30) • Paul lernt Bastians Familie kennen (S. 34–44)
S. 44–51	**Paul richtet sich im Garten bei Opa Tesch ein**
S. 52–85	**Verhaftung und Verhöre bei der Gestapo** Zacks Tod (S. 52–57) • Bastians und Hottes Verhaftung und Verhöre im EL-DE-Haus (S. 57–82)
S. 86–92	**Bastian bei Ford** – Mahlmann, Frericks, Jupp Jablonski
S. 92–113	**Die Edelweißpiraten in Ehrenfeld** Bastian und Hotte: Gespräch über Verrat (S. 97–99) • Aussöhnung mit Franzi (S. 99–100) • Die Edelweißpiraten unter sich (S. 100–107) • Prügelei mit der HJ (S. 108–113)
S. 113–122	**Fliegerangriff „Peter und Paul“ – Paul rettet Bastians Familie**
S. 122–129	**Billi besorgt Paul neue Papiere**

Teil zwei: Der Tod beugt sich über mich	
S. 133–149	**Paul streift durch die Stadt** Franzi und Paul; Karl-Ludwig (Karlu) Meisner, der Enkel von Opa Tesch, ist HJ-Spitzel für Ziegen
S. 149–155	**Paul wird Peter König**
S. 155–191	**Das Leben in der Gärtnerei – Pauls Bude wird Treffpunkt** Pauls neues Zuhause im Pferdestall der Gärtnerei (S. 160–166) • Paul bekommt Arbeitspapiere (S. 167–172) • Bunkerleben (S. 181–191)
S. 191–230	**Flugblattaktionen und Gefahren** Die berühmte Flugblattaktion am Kölner Hauptbahnhof (S. 201–204) • Lagusch, Werner, Paul und Ralle schmuggeln ein Schwein; Ralle entdeckt Zacks Grab (S. 217–224)
S. 230–245	**Bastian in Vogelsang (Wehrertüchtigungslager)** Bastian erfährt vom Tod des Vaters (S. 235) • Bastians Entlassung – Erinnerungen an früher (S. 237) • Ankunft zu Hause (S. 240)
S. 245–266	**Sabotage im Osteinsatz** Pläne von Jupp Jablonski (S. 251–258) • Bastian erzählt Paul von den Plänen (S. 262–266)
S. 266–292	**Paul in Gefahr** Oberstaatsanwalt Dr. Blömer in Ziegens Büro (S. 271–275) • Abschied von Hotte (S. 275–278) • Peter König im EL-DE-Haus (S. 278–292) • Gegenüberstellung mit Martha Osmann (S. 286 f.) • Spitzelauftrag für Paul alias Peter (S. 288–292)
S. 292–295	**Abschied von Frau Frei, Elli, Oma Frei und Opa Tesch**
S. 295–299	**Paul gesteht Bastian seine neue Aufgabe** (Spitzel für Ziegen)
S. 299–323	**Sabotage an den Lkws für den Osteinsatz** Sabotage (S. 299–311) • Der Werkschutzmann rettet Bastian das Leben (S. 311–323)
S. 323–339	**Bastian geht in den Untergrund zu Otto**
S. 340–347	**Bastians Festnahme**
S. 347–365	**Die Hinrichtung der Edelweißpiraten am Hauptbahnhof** Pauls Abschiedsbrief (S. 354–355) • Paul erschießt Ziegen (S. 359–363) • Bastian flieht (S. 363–365)

Epilog	
S. 369–384	**Bastians Flucht in Richtung Pfronten** Versteck im Müllwagen (S. 369–372) • Mitfahrt im Lieferwagen (S. 382–384)
S. 384–388/ S. 395–397	**Franzi wartet verzweifelt auf Paul, der nicht zurückgekehrt ist**
S. 388–410	**Bastian wird verhaftet** Bastian wird verhaftet und kommt in ein Nebenlager des KZ Dachau (S. 388–390) • Dachau, Flucht mit Alfons (S. 390–395) • Unterschlupf bei der Bauernfamilie, Fahrt nach Pfronten und Wiedersehen mit seiner Familie (S. 398–404) • erneute Verhaftung Bastians und Freilassung – Kriegsende (S. 404–410)